Karl Ackermann

Repertorium der landeskundlichen Litteratur für den

preussischen Regierungsbezirk Kassel

Karl Ackermann

Repertorium der landeskundlichen Litteratur für den preussischen Regierungsbezirk Kassel

ISBN/EAN: 9783743687660

Hergestellt in Europa, USA, Kanada, Australien, Japan

Cover: Foto ©ninafisch / pixelio.de

Weitere Bücher finden Sie auf **www.hansebooks.com**

Bibliotheca Hassiaca.

Repertorium

der

Landeskundlichen Litteratur

für

den K. Preussischen Regierungsbezirk

Kassel.

—

Bearbeitet

von

Dr. Karl Ackermann.

Erster Nachtrag.

—

Kassel.

Verlag von Ferd. Kessler.

1886.

Einleitung.

—⊙⟨⊙—

Die günstige Aufnahme, welche unsere vor zwei Jahren herausgegebene erste Zusammenstellung der auf dem Gebiete der Landeskunde des früheren kurhessischen Staates und der anstossenden Landestheile von Hessen-Darmstadt, Nassau, Bayern, Waldeck etc. erschienenen Arbeiten in Fachzeitschriften wie in der heimatlichen Presse gefunden hat, ferner die vielfache entgegenkommende Unterstützung durch Freunde der Sache hat uns veranlasst, die Arbeit fortzusetzen.

Das Ergebniss eines zweijährigen weiteren Sammelns, vermehrt durch zahlreiche Beiträge von Seiten hessischer Gelehrter liegt in diesem ersten Nachtrag mit ungefähr 700 Nummern vor.

Wenn wir uns schon vor zwei Jahren trotz der ausgesprochenen Ueberzeugung, dass unsere Publikation durchaus keinen Anspruch auf Vollständigkeit in irgend einer

1

der berücksichtigten Disciplinen erheben könne, doch zu einer ersten Veröffentlichung entschlossen, so geschah es deshalb, weil wir glaubten, eine auch nicht vollständige, gedruckt vorliegende Ueberschau würde viel rascher und leichter einer erstrebten Vollständigkeit näher bringen als gar keine, und unser Repertorium gerade dadurch die Möglichkeit zur Ausfüllung der Lücken gewähren, dass es solche zeigt. Ein Hauptzweck der damaligen Herausgabe war eben, in möglichst weiten Kreisen Interesse für die Arbeit zu erregen und dadurch Ergänzungen und Berichtigungen zu unserer Zusammenstellung herbeizuführen.

Wir haben dankend anzuerkennen, dass sich unsere Erwartung vollständig erfüllt hat und statten nochmals an dieser Stelle den geehrten Herren, welche uns schätzenswerthe litterarische Nachweise zukommen liessen, den verbindlichsten Dank ab. Diese Nachweise sind mit den Anfangsbuchstaben der gütigen Einsender bezeichnet, und zwar bedeutet:

Bey.   Dr. Frz. Beyschlag, Geologe in Berlin.
Br.   Dr. H. Brunner, Realschullehrer in Kassel.
Di.   Dr. Dithmar, Oberlehrer a. D. in Marburg.
Du.   Dr. A. Duncker, Ober-Bibliothekar der ständischen Landesbibliothek in Kassel.
Eb.   Dr. Th. Ebert, Geologe in Berlin.
Ei.   Dr. Eichler, Gymnasiallehrer in Husum.
Ka.   Kathariner, Secretär bei der General-Commission in Kassel.
Ke.   F. Kessler, Buchhändler in Kassel.
Kl.   Kleimenhagen, Buchhändler in Kassel.
v.Koe. A. v. Koenen, Professor der Geognosie an der Universität in Göttingen.
Kö.   F. Koenig, Intendantursecretär in Kassel.
Pi.   Dr. Pistor, Lehrer am Stoy'schen Erziehungsinstitute in Jena.
ϱα.   Recensent in Sybels historischer Zeitschrift.
Schw.   Schwenken, Berginspector a. D. in Homberg.
Se.   Seelig, Amtsgerichtsrath in Kassel.
Str.   Dr. Stricker, praktischer Arzt in Frankfurt a. M.
v.U.   v. Uslar-Gleichen, Freiherr in Hannover.

Wd. Dr. K. Weidenmüller, Oberlehrer in Marburg.

Wstr. Dr. Paul Weinmeister in Leipzig.

Besonderen Dank schulden wir ferner den Vorständen der beiden hiesigen grösseren Bibliotheken, Landesbibliothek und Murhard'schen Bibliothek, den Herren Dr. Duncker und Dr. Uhlworm, von denen uns der Erstere aus dem reichen Schatze seiner Kenntnisse auf dem unseren Studien ferner liegenden historischen Gebiete in ausgedehnter Weise seine Unterstützung lieh, seine zahlreichen Collectaneen uns zur Verfügung stellte und in liebenswürdiger Weise den historischen Theil dieses Nachtrags einer letzten Revision unterzog, Letzterer mit freundlichem Entgegenkommen und bereitwilliger Hülfe nicht nur die seiner Obhut anvertrauten Bücher und Karten, sondern auch seinen Zettelkatalog in liberalster Weise uns zugänglich machte.

Wenn ich die eine und andere mir freundlichst übersandte Notiz unberücksichtigt gelassen habe, so geschah es deshalb, um die Grenzen gegen die Geschichte nicht allzuweit zu überschreiten. Da sich letztere naturgemäss nicht ganz scharf fixiren lassen, mussten in manchen Fällen Zweifel entstehen, ob eine bestimmte Arbeit ihrem Inhalte nach noch in den Rahmen der landeskundlichen Litteratur gehöre oder nicht. In solchen Zweifelsfällen glaubte ich, dem kleineren Uebel den Vorzug gebend, lieber ein paar Titel zu viel aufnehmen zu sollen, als ein vielleicht unentbehrliches Citat zu wenig.

In ausgiebigem Maasse ist die Localgeschichte herangezogen worden, die eigentliche politische Landesgeschichte, Regentengeschichte, Verfassungs-, Rechts- und Kriegsgeschichte dagegen durchweg nicht berücksichtigt worden.

Die Anordnung des Materials ist natürlich dieselbe geblieben, wie in dem früher erschienenen Theile. Wir verweisen in dieser Beziehung auf die dort S. 7 vorausgeschickte Inhaltsübersicht. Das angefügte alphabetische Sachregister, sowohl für die erste, wie für die vorliegende Zusammenstellung, welches sich trotz der überall angewandten Kopftitel als wünschenswerth herausgestellt hat, dürfte den Gebrauch wesentlich erleichtern.

1 *

Eine Formatangabe habe ich diesmal bloss hinzugefügt, wenn es sich nicht um Octav handelte; eine Angabe des Verlegers, der Seitenzahl u. dergl. ist im Gegensatz zu der Ansicht eines Berliner Kritikers für überflüssig gehalten worden. Das sind Alles Dinge, welche Einer, der sie wissen will, in jeder Bibliothek oder Buchhandlung in den Bücherlexica von HINRICH, HEINSIUS, KAISER etc. nachschlagen kann.

Für viele der geehrten Mitglieder unseres Vereins für Naturkunde, denen ja in erster Linie unsere Arbeit gewidmet ist, dürfte es von Interesse sein zu erfahren, wie weit die geplante Zusammenstellung der landeskundlichen Litteratur über die Länder Mitteleuropas, die Vorarbeit für eine *Bibliotheca geographica Germaniae*, bis jetzt gediehen ist. Es liegen bis heute, ausser den schon vor Ostern 1884 publicirten Arbeiten, Sammlungen über die folgenden Gebiete gedruckt vor:

1. Ostfriesische Inseln. Prof. Dr. *F. Buchenau*. Abhandl. naturwissenschaftl. Vereins. Bremen. VIII. 1884.
2. Pfalz (Mineralogie und Geologie). Dr. *A. Leppa*. Jahresbericht 40—42 der Pollichia. Dürkheim a. H. 1884.
3. Hessen, Grossherzogthum (Mineralogie und Geologie). Dr. *C. Chelius*. Darmstadt 1884.
4. Bayern. Dr. *Rohmeder*, *A. Waltenberger*. Dr. *Besnard*. *K. Klaussner*, Prof. *Ohlenschläger*. Jahresbericht 8 und 9. Geogr. Gesellschaft. München 1883 und 1884.
5. Lübeck. Dr. *P. Friedrich*, Mittheilungen. Heft 7. Geographische Gesellschaft. Lübeck 1885.
6. Oberösterreich. I. *H. Commenda*, Bericht 43 über das Museum Francisco-Carolinum. Linz 1885.
7. Nordwestdeutsches Tiefland. *S. A. Poppe*, Abhandl. naturwissenschaftl. Vereins. Bremen. VIII. 1884.
8. Salzburg. Dr. *A. Prinzinger* sen. Mittheilungen der Gesellschaft für Salzburger Landeskunde. 1884 u. 1885.
9. Baden (Botanik). Seminar-Director *Leutz*. Mittheilungen des botanischen Vereins. Freiburg. Nr. 24 u. 25. 1885. *)

---

*) Eine Erwähnung verdient ferner die schon vor 6 Jahren erschienene mit grosser Sorgfalt bearbeitete *Bibliotheca carpathica* von Hugo Payer. Iglo 1880. (378 S.)

Eine grössere Anzahl weiterer Bibliographien wird im Laufe dieses Jahres zur Drucklegung gelangen.

Zum Schluss fügen wir noch die Versicherung hinzu, dass auch fernerhin jede Berichtigung und Ergänzung dankbarst entgegengenommen werden wird, und bitten, solche recht zahlreich an den Unterzeichneten gelangen zu lassen, damit sich auch der zweite Theil des alten Sprüchleins verwirkliche

PRAESENS IMPERFECTUM, PERFECTUM FUTURUM.

A. Natur.

1. Allgemeines.
Vacat.

2. Bodenkunde.

a. Geologisches incl. Bergbau.

α. Hessen in seinem gesammten Gebietsumfang.

Tölden, Joh., Hessens Haligraphia. 1603. Schw.

Moesta, Fr. A., Ueber die geologische Untersuchung der Provinz Hessen. - Sitzungsber. Ges. Bef. ges. Nat. Nr. 1. Marburg 1872. (Refer. darüber im Neuen Jahrb. Min. 1872. S. 966—973). Be.

Kletke, G. M., Handbuch des Bergwerks-, Hütten- und Salinenwesens im Preussischen Staate, dem Fürstenthume Waldeck und Pyrmont etc. Berlin 1873.

Penck, A., Die deutschen Mittelgebirge. Vortrag, geh. am 4. Juli 1885. — Verh. der Ges. Erdkunde. Berlin. XII. Nr. 7, S. 369—378. Mit 1 Taf. (Die Gebirge unseres Gebietes auf S. 374; die Taf. enth. unter Fig. 11. ein Profil der hohen Rhön und unter Fig. XI. Profil des Thüringer Waldes.)

v. Festenberg-Packisch, Der deutsche Bergbau. Ein Gesammtbild seiner Entstehung, Entwicklung, Bedeutung und Zukunft. Berlin 1886.

β. Niederhessen mit Schaumburg.

Das Kohlenwerk des Staats bei Hilgershausen im Amte Felsberg. — Beiblatt zur Kasselschen Allgemeinen Zeitung Nr. 48 vom 2. Dez. 1848. Schw.

Rammelsberg, *C. F.*, Dolerit vom Meissner (Analyse). — Pogg. Ann. Bd. 85, S. 298—99 (ef. Neues Jahrb. Min. 1855. S. 199). Bey.

Trempert, Bodenkarte von Kassel. 1 : 150000. Kassel 1875. (Bibl. Generalcommiss. Kassel.) Ka.

Möhl, Topographisch-geognostischer Plan von Kassel nebst Panorama vom St. Martinsthurm. Kassel 1878. Ka.

Speyer, *O.*, Die Bivalven der Kasseler Tertiärbildungen. Mit 31 Taf. Abbild., mit einem Vorwort und Tafelerklärungen von A. v. Koenen. Herausg. von d. K. Preuss. Geolog. Landesanstalt. Mit lith. Porträt des Verf. Berlin 1884. Fol. (Bildet Band 4, Heft 4 der Abh. zur geol. Specialkarte von Preussen und den Thüringer Staaten.) (Bibl. Realschule Kassel.)

Die Thonablagerung bei Grossalmerode. Als Manuscript gedruekt. Kassel im März 1885.

Dauber, *A.*, Das Triasgebirge an der Oberweser und seine näehsten Umgebungen. Nebst Karte. Helmstedt 1857. 4.

Brauns, *D.*, Der obere Jura im Westen der Weser. — Verh. naturh. Verein preuss. Rheinl. XXX. Bonn 1873. (Behandelt S. 16—19 die Gegend von Oldendorf.)

v. Koenen. *A.*, Ueber einige neue Mineralvorkommnisse und über Lias etc. von Wabern. — Sitzungsber. Ges. Bef. ges. Nat. Marburg 1874, Nr. 5. S. 69. Marburg 1874. v. Koe.

γ. Oberhessen.

Göppert, *J. H. R.*, Ueber die sog. versteinerten Kornähren von Frankenberg in Hessen. — Uebersicht der Arbeiten der Schlesisehen Ges. vaterl. Kultur. Breslau 1837. S. 67. (Vergl. aueh Jahresber. XXXII, S. 36—38 derselben Ges. Breslau 1854.)

v. Koenen, *A.*, Ueber einige geologische Vorkommnisse der Umgebung Marburgs. — Sitzungsber. Ges. Bef. ges. Nat. 1869, Nr. 4, S. 30. Marburg 1869. v. Koe.

v. Koenen, *A.*, Ueber die geologisehen Verh. der Gegend von Wabern — Homberg — Borken zwisehen Kassel und Marburg. — Verh. naturh. Verein preuss. Rheinl. XXXI, Correspondenzbl. S. 71. Bonn 1874.

v. Koenen, *A.*, Ueber einige geologische Vorkommnisse der Umgebung Marburgs. — Sitzungsber. Ges. Bef. ges. Nat. Nr. 5 u. 6, S. 56. Marburg 1875. v. Koe.

v. Koenen, *A.*, Ueber einige interessante Mineralvorkommnisse, Phakolith und Faujasit, vom Stempel. — Ebenda Nr. 2, S. 17. Marburg 1877. v. Koe.

Moesta, Fr. A., Ueber ein neues Gestein der Diabasgruppe aus dem hessischen Hinterlande. — Sitzungsber. Ges. ges. Nat. Marburg. December-Nr. 1876.

r. Koenen, A., Tertiär zwischen Guntershausen und Marburg. — Neues Jahrb. Min. 1880. Bd. 1. (Erweiterung der gleichnamigen Arbeit des Verf., Marburg 1879 ersch.)

δ. Fulda mit dem Rhöngebirge.

Pröscholdt, H., Basaltische Gesteine aus dem Grabfeld und aus der südöstlichen Rhön. — Jahrbuch d. k. preuss. geol. Landesanstalt für 1883. S. 177—186. Berlin 1884.

ε. Wetterau.

Klipstein, Ueber den Ursprung der Salzquellen in der Wetterau. — Hess. Beiträge. Frankfurt 1785. I, 4. (Erwähnt einen Salzbrunnen bei Kleinlüder.)

Ueber alten Sandstein der Wetterau. — Verh. naturhistor. Vereins preuss. Rheinl. X, S. 130. Bonn 1853.

Klipstein, Geologie von Hessen. — Verh. naturhistor. Vereins preuss. Rheinl. X, S. 157. Bonn 1853.

r. Koenen, A., Bimstein von Launsbach. — Sitzungsber. Ges. Bef. ges. Nat. Marburg. Nr. 2. März 1879. S. 21—22. (Ref. v. H. Rosenbusch im Neuen Jahrb. 1880. II. S. 74).

Bodenbender, W., Ueber den Zusammenhang und die Gliederung der Tertiärbildungen zwischen Frankfurt a. M. und Marburg-Ziegenhain. — Neues Jahrb. Mineralogie. Beilage-Band III. Heft 1, S. 107—141. Stuttgart 1884. (Auch selbständig in Göttingen erschienen.)

ζ. Schmalkalden.

Ruetz, Die Mineralien des Kreises Schmalkalden. — Progr. Realschule Schmalkalden 1870.

Senft, Ueber den geognostischen Bau des Thüringer Waldes, Vortrag, gehalten im Thüringerwald-Verein. Eisenach 1882.

b. Höhenmessungen.

39 Höhenpunkte im nördlichen Hessen nach Barometerbeobachtungen, im Sommer 1824 von Professor Dr. Hoffmann angestellt. — Ersch u. Gruber, Encykl. II, 7. S. 173. Leipzig 1830.

Stange, P., Orometrie des Thüringer Waldes. Inaug.-Dissert. Halle (Lpz., Focke) 1885. (Auch in Petermanns Mittheilungen XXXI, Heft 7, S. 250—254. 1885.)

c. Landesvermessungen.

Das hessische Dreiecksnetz. — In den Arbeiten des K. preuss. geodät. Instituts. Berlin (1882).

3. Hydrographie.

a. Flüsse und Bäche.

Arnd, K., Die Gewässer und der Wasserbau der Binnen-
lande. Hanau 1831.

Hydrographische Karte des ehemaligen Kurfürstenthums
Hessen. 1 : 200000. 1868. (Bibl. Generalkommiss. Kassel.) Ka.

Die fliessenden Gewässer des Kasseler Kreises. — Kasseler
Tageblatt vom 20. Mai 1885. Nr. 136.

b. Balneologie.

Die einzelnen Mineralquellen.

Nenndorf und **Eilsen** Bilder aus Bad Nenndorf. — Hess.
Morgenzeitung vom 27., 28., 30. Juli und 4. August 1885.

Meyer, C., Briefe, dem Bade Eilsen gewidmet. Rinteln 1857.

Wildungen. *Wolffius, J.*, In brevi explicat de acidis
Wildungensibus earumque mineris, natura viribus et usus
ratione. 1580.

Orelgün, R. F., Gründlicher, naturgemässer Entwurf derer
uralter Wildunger Mineralwasser. Mengeringhausen 1725.

Wichmann, J. E., Ueber die Wirkungen mineralischer Wasser,
besonders des Wildunger. Hannover 1797.

Wigand, F. L., Historia fontium medic. Wildungensium.
Marburg 1802.

Dreves, F. und *A. Wiggers*, Die Mineralquellen bei Wildungen.
Göttingen 1835. Ei.

Fischer, Wildungen und seine Umgebungen, mit bes. Hin-
sicht auf seine Mineralquellen. Oldenburg 1838. 16.

Kreusler, F. W., Ueber die Eigenschaften, Heilkraft und
Gebrauchsweise des Wildunger Wassers. Arolsen 1841.
2. Aufl. 1848.

Schauer, C. H., Das Bad Wildungen in seiner Vergangenheit und Gegenwart. Arolsen 1858.

Eichler, Chronik von Wildungen. (Manuscript von 30 Bänden, im
Besitze des Herrn Dr. Eichler, Sohnes des Verf., in Husum.) Ei.

Strecker, Wildungen; its baths and mineral springs. 2 ed.
Arolsen 1883.

Strecker, de Badplaats Wildungen hare minerale bronnen. Ebda.

Nauheim. *Hess*, Haligraphia. 1603. (Enthält die ältesten Nachrichten über Nauheim.) Schw.

Ludwig, R., Die alten Salinen bei Bad Nauheim. — Arch.
hess. Gesch. XI. S. 46—61. Darmstadt 1867.

Weiss. O., Beitrag zur Kenntniss der Nauheimer Soolsprudel.
— Schriften Ges. Bef. Naturw. Marburg. Bd. 10. Abh. 4.
S. 273—289. Mit 2 Beil. u. 1 Taf. Kassel 1872.

Weiss, O., Das Soolbad Nauheim. Führer für Kurgäste.
3. Auflage. Friedberg 1885. (Schildert eingehend auch die geognostischen Verhältnisse.)

Schwalheim. — Schlözer's Staatsanzeigen VI, 21. 70.

Schlangenbad. (Bis 1816 hessisch.) Gründliche Beschreibung
des Schlangenbades, worinnen zugleich desselben vortreff-
liche Tugenden durch auserlesene eigene Oservationes be-
stätigt werden, von *J. P. Welcker,* hochfürstl. Hessen-
Kasselisch zu diesem Bad verordneten Medico ord. Frank-
furth 1721. 2. Aufl. 1724. 3. Aufl. v. *J. S. Carl,* dänischen
1. Leibmedico. Idstein 1747.

Amusements des Eaux de Schwalbach, des Bains de Wisb.
et de Schlangenbad. Liège 1739.

Gründliche Abhandlung von dem Gehalt und den Eigenschaften der gemeinen Wasser nebst einem Anhang etc. etc.
5) des Schlangenbader Wassers. Frankfurt a. M. 1748.

Fenner, H., Das Schlangenbad. Marburg 1806.

Fenner, H., Nutzen und Gebrauch der Heilbäder von Schl.
Wiesbaden 1816.

Fenner v. Fenneberg, H., Schlangenbad und seine Heilquellen.
Darmstadt 1824. 2. Aufl. 1840.

Heyfelder, Ueber Bäder und Brunnenkuren, namentlich Ems,
Schlangenbad, Wiesb. u. Schwalbach. Stuttgart 1834.

Ausserdem vergl. *Ritter.* Denkwürdigkeiten der Stadt Wiesbaden. Mainz
1800. S. 291 ff. — Hannöverisches Magazin Stück 5. — Schwedische
Abhandlungen Bd. 28. — *Fenner,* Journal über Deutschlands Gesund-
brunnen Stück 1 u. 2. — *Fenner,* Kurgeschenk für Badegäste Bdchn. 1.
S. 191—219; Bdchn. 3, S. 139—165. — *Osann,* Mineralquellen Nassau's.
Berlin 1824. S. 40—43. — *Stift,* Geognostische Beschreibung von Nassau.
Wiesbaden 1831. S. 404 u. 562 ff. — Hufeland's Journal XXIX, 4, S. 2;
LIII, 1, S. 127 u. 5, S. 32; LIX, 1824, Suppl., S. 126; LXXXII, 1,
S. 47; XCII, 2, S. 77 u. 95. — Bubbles from the Brunnens of Nassau.
4 ed. Brüssels 1834 S. 197. — Gräfe's u. Kalisch's Jahrb. 1836, Bericht
über Schl. v. *Reuter.* — A Mirror of the Duchy of Nassau etc. by
Phelps. Wiesb. 1842 S. 213—227. — Medicin. Jahrb. für das Herzog-
thum Nassau. Heft 2. 1843. S. 69 u. ff. — *Trousseau et Lassége,* Etudes etc.
in Gazette des hôpitaux 1846, Nr. 63.

Riehl, W. H., Das Schlangenbad. Eine histor.-topographische
Skizze. Mit 1 Ans. Wiesbaden 1851.

Bertrand, Das Schlangenbad. — Die nassauischen Heilquellen
S. 147—214. Wiesbaden 1851.

Baumann, Das Schlangenbad. Kurzgefasste Darstellung seiner
Kurverhältnisse. Wiesbaden 1864.

Bertrand, Schlangenbad et ses eaux thermales. Guide prati-
que. Wiesbaden 1866.

Fresenius, C. R., Chemische Untersuchung der warmen Quellen
zu Schlangenbad. Wiesbaden 1878.

Baumann, F., Mittheilungen über Schlangenbad und seine
Indicationen. Wiesbaden 1880.

Wolf, R., Schlangenbad and its thermal waters. Wiesbaden
1882.

v. Danckelman, Das Taunusbad Schlangenbad unter Hessen-
Kasselscher Herrschaft. — Mitth. Ver. hess. Gesch. Kassel
1884. S. LIV—LVII. (Auch in Hess. Morgenzeitung Nr. 12186
v. 28. Mai 1884.)

Ein Badeabenteuer (in Schlangenbad). — Feuilleton der Frankfurter Zeitung vom 22. Juni 1884.

Die Rhönbäder: Brückenau, Bocklet, Kissingen,
Neuhaus.

Delius, Untersuchungen und Nachrichten von den Gesundbrunnen und Bädern zu Kissingen und Boklet. Erlangen 1770.

Zwierlein, K. A., Abhandlung über die Gesundbrunnen zu
Brückenau im Fürstenthum Fulda. Würzburg 1785.

Zwierlein, K. A., Neueste Nachricht vom Bade Brückenau
und seine Heilquellen. Fulda 1811. 2. Aufl. 1817.

Spindler, Bocklet und seine Heilquellen. Würzburg 1818.

Vogel, A., Die Mineralquellen des Königreichs Bayern.
München 1829.

Haus, Bocklet und seine Heilquellen Würzburg 1831.

Weber, Fr. J., Kissingen. Kurze Beschreibung dieser vor-
trefflichen Heilanstalt. Ein Taschenbuch für Badereisende.
Mit 14 Stahlst. Bamberg 1837.

Hönle, S. und *v. Sprunner*, Ausflug in die Fränkischen Bäder
Kissingen, Bocklet, Brückenau und deren Umgegend. An-
hang zum Handbuch für Reisende auf dem Maine. Mit
Karte. Würzburg 1844. 12. (Wurde in's Englische übersetzt von
S. Louis. Würzburg 1845.)

Die goldene Chronik vom Rakoczy. — La grande histoire
du R. — The golden chronicle of R. Gez. v. L. v. Passauer.
11 lith. Bl. München 1849. 4.

Ullersperger, Die Anwendung der verschiedenen natürl. Salzquellen in Kissingen zu Heilzwecken etc. Erlangen 1849.

Kirchgessner, Der Kurort Bocklet mit seinen Heilquellen und
Bädern. Würzburg 1838. 2. Aufl. unter dem Titel: Das
Stahlbad B. bei Kissingen. 1859.

Erhardt, Kurze ärztliche Notizen über Kissingen und seine Heilquellen und Brückenau. Bayreuth 1862.

Fuchs, Führer in und nach Kissingen (einschl. Bocklet und Brückenau). Würzburg 1866.

Rubach, Das Stahlbad Bocklet bei Kissingen. Würzburg 1867.

Scherpf, L., Stahlbad Bocklet und seine Heilmittel. Würzburg 1880.

4. Klima

einschl. Meteorologie und Phänologie.

Weidenmüller, K., Ueber die Witterungsverhältnisse von Fulda, speziell während des Jahres 1873. — Bericht II des Ver. Naturk. Fulda 1875 S. 1—11. Wd.

Hoffmann, H., Pflanzenphänologische Karte. — Petermanns Mittheilungen 1881, Nr. 1. (Enth. auch hessische Orte.)

Hoffmann, H., Phänologische Beobachtungen aus den Jahren 1879—82. Giessen 1884.

Ihne, E., Geschichte der pflanzenphänologischen Beobachtungen in Europa nebst Verzeichniss der Schriften, in welchen dieselben niedergelegt sind. Giessen 1884.

Toepfer, H., Untersuchungen über die Regenverhältnisse Deutschlands. — Abh. der Naturf. Ges. Görlitz XVIII. Bd., S. 41—153. Mit 1 Karte. Görlitz 1884. (Giebt S. 78 die mittleren Regenhöhen der einzelnen Monate, der Jahreszeiten und des Jahres von Kassel (1864—79), Altmorschen (1866—79), Fulda (1866—79), Marburg (1866—79); S. 111 die betr. prozentische Vertheilung der jährlichen Regenmenge auf die versch. Monate.)

Elfert, P., Die Bewölkungsverhältnisse in Mitteleuropa. — Zeitschr. f. Naturwiss., herausg. im Auftr. d. naturw. Ver. f. Sachsen u. Thür. 4. Folge, 3. Bd., 5. Heft S. 509—604. Mit 2 Karten. Halle 1884. (Auch als Inaug.-Diss. erschienen. Halle 1885.) (Berücksichtigt von unserem Gebiet Kassel, Fulda, Hanau, Marburg, Altmorschen und Schweinsberg).

5. Pflanzenverbreitung.

Spezialfloren.

β. Niederhessen.

Cassebeer, J. H. und *L. Pfeiffer*, Spezielle Fundorte des Kasseler Florenbezirks. Anhang (S. 211—251) in der »Uebersicht der in Kurhessen etc.« der beiden Verf. Kassel 1844.

Hentze, W., Ueber Betula pubescens Ehrh. und Betula odorata Bechst. bei Kassel. — (Manuscr. im städt. Archiv in Kassel.) [Publicirt in Regensb. Flora?] Br.

Egeling, G., Tuber cibarium bei Kassel. — Oesterr. botan. Zeitschr. XXXI, Nr. 11, S. 357. Wien 1881.

Egeling, G., Das Herbar des Vereins für Naturkunde zu Kassel. Ebenda S. 377.

Ascherson, P., Ueber die Verbreitung der Trüffel. — Verh. bot. Ver. Prov. Brandenburg XXIV. Jahrg. S. 22. (Der auf d. Kasseler Gegend bezügl. Theil ist abgedruckt in Bericht XXXI des Ver. Nat. Kassel 1884 S. 43.)

Schanze, J., Excursionsberichte. — Irmischia. IV. Nr. 5 S. 21, Nr. 89 S. 38.   Sondershausen 1884. (Gibt die Flora folgender Lokalitäten: 1. Weinberge hinter Jestädt. 2. Hohlweg zum Leichberg und dessen Südfuss. 3. Mitgenrode. 4. Kalkfelsen hinter Jestädt. 5. Otterbachsteine bei Sooden.)

Buchenau, F., Entwickelung der Achsenglieder in den Blättern von Epilobium angustifolium L. aus dem Mauerwerk der Löwenburg. — Abh. naturw. Ver. Bremen VIII. 2, S. 39. Bremen 1884. (Es handelt sich um eigenthümliche Streckung der Achsenglieder zwischen den einzelnen Blattwinkeln verbunden mit Vergrünung der Blattorgane an Exempl., welche Verf. im Juni 1872 an der Löwenburg gesammelt hat.)

Schlitzberger, S., Die Pilzflora von Kassel. — Bericht XXXII und XXXIII Ver. f. Nat. Kassel 1886.

Ebert, Th., Beiträge zur Diatomeenflora der Umgegend von Kassel. — In der Festschrift zur 50j. Jubelfeier des Ver. Nat. S. 78—83. Kassel. 1886.

Eisenach, Ein botanischer Spaziergang auf den Emanuelsberg bei Rotenburg a. d. F. — Festschrift zur 50j. Jubelf. des Ver. f. Naturkunde zu Kassel S. 84—88. Kassel 1886.

γ. Oberhessen.

Wigand, A., Der Botanische Garten zu Marburg. Mit 1 Plane. 2. Aufl. Marburg 1880.

Hoffmann, W., Beiträge zur Diatomeen-Flora von Marburg. Inaug.-Diss. Marburg 1884. (Berücksichtiget auch die Vorkommnisse in der Gegend von Kassel, wo Dr. Th. Ebert Beobachtungen angestellt hat.)

δ. Fulda, Rhön und Schmalkalden.

Pickel, F. J., Fuldae genera et species plantarum orchidearum. Wirteburg 1825. 12.

Schnizlein, A., Die Flora von Bayern nebst den angrenzenden Gegenden von Hessen. Thüringen etc. Erlangen 1847.

Rottenbach, H., Excursionsberichte. — Irmischia IV, Nr. 11,
S. 54. Sondershausen 1884. (Giebt Flora des Trusen-
thales zwischen Herges und Brotterode.)

6. Thierverbreitung.

a. Gesammthessen.

Menke, K. Th., Geographische Uebersicht der um die Molluskenfauna Deutschlands verdienten Schriften, Kenner und
Sammler. — Zeitsch. f. Malakozoologie V, Nr. 3—5. Kassel
1848. (Hessen S. 64—66).

Speyer, Ad. und *Aug.,* Die geographische Verbreitung der
Schmetterlinge Deutschlands und der Schweiz. 3 Thle.
Leipzig 1858 und 1862.

Clessin, S., Deutsche Excursionsmolluskenfauna. 2. Aufl.
Nürnberg 1884. (Nimmt in eingehender Weise auf Hessische Fundorte Bezug.)

β. Niederhessen.

Pfeiffer, Louis, Pupa Hassiaca am Habichtswald. — In des
Verf. Symbolae ad hist. Heliceor. 1. p 45. Kassel 1841.

Fügner, K., Einige Mittheilungen über die Käferfauna von
Witten. — Jahresber. XII das Westf. Prov. Ver. Wiss.
und Kunst. für d. J. 1883 S. 66—73. Münster 1884.
(Enthält eine Notiz betr. das Fehlen verschiedener Käferarten in der
Kasseler Gegend.)

Eisenach, Naturgeschichtliche Mittheilungen aus dem Kreise
Rotenburg. II. Theil (Insekten, Spinnen, Krebse, Würmer
und Weichthiere). — Ber. Wetterauischer Ges. 1883 bis
1885, S. 1—48. Hanau 1885.

Diemar, F. H., Die Molluskenfauna von Niederhessen (Reg.-
Bez. Kassel). — Festschrift Verein für Naturk. Kassel 1886.

δ. Wetterau.

Käfer des Grossherzogthums Hessen und der Wetterau. —
Verh. naturhistor. Ver. preuss. Rheinl. IX, S. 568—69.
Bonn 1852.

Paulstich, D., Mittheilungen über den Durchzug der Kraniche
im Herbst 1883 und im Herbst 1884 durch die Hanauer
Gegend. — Gefiederte Welt. Berlin 1884. (Abdruck in
Sonntagsbeilage Norddeutsche Allg. Ztg. Nr. 33, S. 128,
Berlin 10. Aug. 1884.)

ε. Fulda, Rhön und Schmalkalden.

ε. Weidenbach, Entomologische Exkursionen von Kissingen.
— Stettiner entomol. Zeitung IV S. 125—128. 1843.

Selys-Longchamps, Additions et corrections au catalogue raisonné des Orthoptères de Belgique. — Ann. de la soc. entom. de Belgique 1868. (Enthält auch Orthopterenfauna von Kissingen.)

Sandberger, F., Molluskenbeobachtungen bei Brückenau. — Nachrichtsblatt malakozoolog. Ges. Frankfurt 1872.

Semper, K., Die natürlichen Existenzbedingungen der Thiere. Leipzig 1880. (Erwähnt das Vorkommen von Pachydrilus im Salzwasser von Kissingen.)

Krieghoff, E., Die Grossschmetterlinge Thüringens und ihre Entwickelungsgeschichte. — Mittheilungen Geogr. Ges. für Thüringen III, 2 u. 3, S. 94—170. Jena 1884.

B. Bewohner.

1. Bevölkerungsstatistik. Gesundheitsverhältnisse.

Biersack, Beitrag zur vergleichenden Bevölkerungsstatistik der hessischen Lande. — Archiv hess. Gesch. VIII. S. 1—30. Darmstadt 1854.

Statistische Beschreibung der Kreise Schaumburg, Schlüchtern, Melsungen, Witzenhausen, Kirchhain, Hanau, Schmalkalden, Vöhl, Hünfeld, Gelnhausen, Marburg, Ziegenhain. (Handschriften in der Bibliothek der Königl. Regierung zu Kassel.)

Dohrn, Die geburtshülflichen Operationen in Kurhessen während der Jahre 1852—66. — Schriften Ges. Bef. d. Nat. Marburg. Bd. 10. S. 89—135. Mit 11 Taf. Kassel 1872.

Pfannkuch, W., Zur Statistik der geburtshülflichen Operationen in Kurhessen, insbesondere während der Jahre 1868—70. — Schriften Ver. Bef. Nat. Marburg. Bd. 10. Abth. 6. S. 383—401. Mit 4 Tab. Kassel 1872.

Dohrn, Die geburtshülflichen Operationen in Nassau während der Jahre 1860—66. — Schriften Ges. Bef. ges. Nat. Marburg. Bd. 10. Abh. 9. S. 457—491. Kassel 1873. (Mit 1 Karte über die Operationsmortalität in Kurhessen und Nassau von 1860—1866).

Wilbrand, L., Die Kriegslazarette von 1792—1815 und der Kriegstyphus zu Frankfurt a. M. — Archiv für Frankfurts Geschichte und Kunst. N. F. XI, Frankfurt 1884. (Besprechung dieser Schrift von Dr. W. Stricker in Virchow's Archiv für pathologische Anatomie. 96. Bd. S. 504—510. Berlin 1884.) — (Beschränkt sich nicht auf Frankfurt, sondern zieht auch Hanau, Fulda etc. in den Kreis seiner Betrachtung.) Str.

Grau, W. A., Die Thyphusepidemie in Tann an der Rhön
in den Jahren 1879 bis 1881. Dissertat. Marburg 1884.

2. Wirthschaftliche Cultur.

a. Landwirthschaft.

Cranz, Ueber die Pflege der Bauernwirthschaft in Kurhessen.
Marburg 1831.

Wilhelmy, Denkschrift, betr. Klassifikations-Tarife zur ander-
weiten Regelung der Grundsteuer im Reg.-Bez. Kassel. 1871.
(Bibl. Generalkommission Kassel.) **Ka.**

Stricker, W., Die Wetterau und ihr Weinbau. — Didaskalia
(Beilage zum Frankfurter Journal) 1. April 1874 und Mit-
theilungen des Frankfurter Vereins für Geschichte. Bd. V,
S. 272. **Str.**

Denkschrift über die Grundstückszusammenlegung der Feld-
mark Apelern, Kreis Rinteln, mit 2 Karten. (Bibl. Generalkommission Kassel.) **Ka.**

Uebersichtskarte von den im Reg.-Bez. Kassel ausgeführten
Zusammenlegungen. (Bibl. Generalkommission Kassel.)

Nagel, A., Zur Geschichte des Grundbesitzes und des Credits
in oberhessischen Städten. — Jahresber. 3. des oberhess.
Ver. Lokalgesch. S. 3—53. Giessen 1883.

Schlebach, W., Ueber Landeskultur in Elsass-Lothringen,
Belgien, Holland, Bremen, Hannover, Bayern und Hessen-
Kassel. Reisebericht. Mit 10 Abb. Stuttgart 1884.

Weitmayer, H., Die Grundstückzusammenlegung in der Feld-
mark Apelern, Kreis Rinteln. 2. Aufl. Berlin 1884.

—*r.* Statistisches über die Pflege der Bienenzucht in Hessen-
Nassau. — Kasseler Zeitung vom 11. Sept. 1885.

Paalzow, Hauptgestüt Beberbeck unter Preussischer Ver-
waltung. Berlin 1885.

b. Forstwirthschaft, Jägerei und Fischerei.

Kurhessische Forst-Ordnungen von 1686—1791. Kassel
1686—1791. (Murhard'sche Bibl.)

Forst-, Pflanz-, Mast- und Jagdordnungen des Kurf. Hessen
aus den Jahren 1721—1797. s. l. s. a. (Murh. Bibl.)

Erneuerte Jagdordnung des Landgraf Karl. Kassel 1722.
(Murhard'sche Bibliothek.)

Erneuerte Forst- u. Holtz-Ordnung des Fürstenthums Hessen-
Kasselischen Theils. Kassel 1727. (Murhard sche Bibliothek.)

Wald- u. Wittags-Ordnung, hochfürstlich Hessen-Hanauische.
Hanau 1737.

Verbesserte Forst- und Holz-Ordnung der Grafschaft Hanau-Münzenberg. Hanau 1779.

v. Wildungen, Neujahrsgeschenke für Jagd- und Forstfreunde. Marburg 1794—99. — Taschenbuch. Ebenda. 1800—1812. — Weidmanns Feierabende. Ebenda. 1815—1823. (Alle 3 enthalten viel Hessisches.)

v. Wildungen's Gesammelte Schriften. Zusammengestellt von P. v. Sametzky. 3 Bde. Kassel. 1878—79.

Hundeshagen, Forststatistik von Kurhessen. — Laurop's und Wedekind's Beiträge zur Kenntniss des Forstwesens in Teutschland. — Bd. II, Heft 1—4. Leipzig 1820.

Müller, D. E., Des Spessarts Holzhandel. Frankfurt 1837.

Münscher, K., Ueber die Erhöhung der Holzpreise in den kurhessischen Waldungen. Kassel 1839.

Gunckel, F. W., Sammlung der auf das Forst-, Jagd- und Fischereiwesen in Kurhessen bezügl. Verfügungen von 1648—1843. Kassel 1845. 4.

Zur Geschichte des Spessarts. Forstliche Mittheilungen v. k. bayer. Minist. Forstbureau. II. u VII. München 1847 und 1862.

Kersting, H., Forst- und Fischereivergehen nach Kurh. Rechte sämtlicher Gebietstheile. Rinteln 1854.

Der Spessart und seine forstliche Bewirthschaftung. Herausg. v. k. bayer. Finanzministerium. München 1869.

v. Hagen, O., Die forstlichen Verhältnisse Preussens. 2 Aufl. bearb. nach amtl. Materiale v. K. Donner. 2 Bd. Berlin 1883. (Die Standorts- und Bestandsverh. in Hessen: 1 S. 28—38, die Ertragsverh. S. 54—56, Forstgesetzgebung S. 76—79, Wildstände und Jagderträge Tabelle 54 S. 154).

Ueber Bestrafung der Binnenfischereifrevel. — Mittheil. Ver. Bef. Fischzucht. II, 3, Beilage, Kassel, Juli 1885. (Berücksichtigt eingehend die dermalen im Reg.-Bez. Kassel geltenden, die Fischerei betreffenden Strafbestimmungen.) Se.

Uebersicht der Leistungen der Fischbrutanstalten des Reg. Bez. Kassel in der Kampagne 1884—85. — Mitth. Ver. Bef. Fischz. II, 3, S. 73—76. Juliheft. Kassel 1885.

Bericht über die vom Vereine etc. gemachten Aussetzungen von Jungfischen. — Ebenda S. 81—84. Die sog. geschlossenen Fischwasser der Kreise Hofgeismar, Wolfhagen und Kassel. — Ebenda S. 90—93. Se.

Wagner, A., Die Waldungen des ehemaligen Kurfürstenthums Hessen, jetzigen K. Preuss. Reg. Bez. Kassel. 1. Band. Hannover 1886. (Ausgeschlossen sind die Waldungen der Grafschaft Schaumburg.) Du.

c. Verkehrswesen.

Ordnung Moritzen, Landgr. v. Hessen etc. wie wir es mit ein und durchlassung der Schiffleut durch die Schleussen, item mit den Holz-Flötsern etc. in uns. Fürstenthumb wollen gehalten haben. Kassel 1686. (Murhard'sche Bibl.)

Verordnung Friedrichs etc. betr. den Schutz der Ufer vom 29. I. 1737. (Murhard'sche Bibl.)

Verordnung Friedrichs, Königs von Schweden und Landgrafen von Hessen, betr. die Erhaltung und Verbesserung der Land-, Post- und anderen Strassen und Brücken und Stege in Hessen. Stockholm 24. XII. 1745 und 4. I. 1746. (Murhard'sche Bibl.)

Schäffer, J. W., Die Eisenbahnen in Kurhessen. Nebst 2 Anl. 1) Zusammenstellung der bisher. Schriften über Eisenbahnen. 2) Prospect zur Anlage einer grossen Continentaleisenbahn. Kassel 1835.

Henschel, Erfindung der Dampfmaschinen. Zeitschrift hess. Gesch. V. S. 41—45. Kassel 1850.

Generalplan und Längenprofil der Main-Weserbahn. Kassel 1853. Fol. (Bibl. Königl. Regier. Kassel.)

Die **Giessen-Fuldaer** Eisenbahn. Grünberg 1863.

Wüstenfeld, E., Denkschrift, betr. die Wiederbelebung des Weser-Schifffahrtsverkehrs. Göttingen 1880.

Faulhaber, B., Die hessen-casselsche Post im Hainerhof zu Frankfurt a. M. 1658—1808. — Archiv für Frankfurts Gesch. u. Kunst. N. F. X. S. 87—104. Frankfurt a. M. 1883.

Malkmus, F., Die rheinisch-hessische Heerstrasse auf der Strecke von Amöneburg bis Treysa. — Mittheilungen Ver. hess. Gesch. 1883. S. LX—LXV. Kassel 1883.

Müllerbach, E., Lustige Reichspostfahrten. — Hess. Morgenzeitung, Kassel, 8. u. 9. Juli 1884. (Handelt von der Wiedereinführung des kaiserl. Reichspostwesens in den Hessen-Kasselschen Landen um das Jahr 1758.)

Ruhl, Beitrag zur Geschichte des Postamts Marburg von 1764—1884, nach verschiedenen Quellen zusammengestellt. Marburg 1885. Du.

d. Industrie, Handel und Gewerbe.

Fragmente über Deutschlands und insonderheit Bayerns Welthandel und über die Wichtigkeit des einzigen, ganz deutschen Stromes, die Weser. s. l. 1840 (In der Murh. Bibl.)

Amtliche Tabellen zur Umrechnung der Kurhessischen Scheidemünzen gemäss §. 7 des Münzgesetzes vom 18. I. 1841. Kassel s. a. (Murh. Bibl.)

2

Hildebrand, B., Statistische Mittheilungen über die volks-
wirthschaftlichen Zustände Kurhessens. Nach amtlichen
Quellen. Berlin 1853.

Napoleon III. und die Kurh. Leih- und Commerzbank.
Göttingen 1859.

Tabelle der Handels- und Transportgewerbe, der Gast- und
Schankwirthschaften, sowie der Anstalten zum litterarischen
Verkehr im Kreise Frankenberg, Neustadt, Marburg, Mel-
sungen etc. 1861.   (Murh. Bibl.)

Bericht des Handels- und Gewerbs-Vereins zu Kassel, den
Antrag des Herrn Plaut von Eschwege wegen Einrichtung
einer Landesbank betr. Kassel 1865.   (Murh. Bibl.)

Statut der Hessischen Bank. Kassel 1871. Berlin s. a. (Murh. Bibl.)

Matthey, F., Ueber das Kasslerbraun. — Natur XXVII,
Nr. 12, S. 158. Halle 1878. Kö.

Wiederbelebung einer Thon-Industrie in Hessen. — Hess.
Blätter XIV, Nr. 881, Melsungen, 15. Nov. 1882.

Osius, R., Die kommunalständische Landeskreditkasse zu
Kassel, ihre Geschichte und Organisation. Leipzig 1884.
(Ist Abdruck eines Aufs. in Schmoller's Jahrbuch für Gesetzgebung.)

Jochum, P., Die Bestimmung der technisch wichtigsten physi-
kalischen Eigenschaften der Thone, wie Plasticität, Binde-
vermögen, Schwinden und Feuerbeständigkeit nach Zahlen.
Mit 3 Taf. Berlin 1885. (Behandelt ausser den feineren Thonen
von Frankreich, Belgien, Rheinland und Böhmen auch die von Hessen-
Nassau.)

R. — L., Die Handel- und Gewerbtreibenden der Stadt Kassel
im Jahre 1828 im Vergleiche zur Jetztzeit. — Kasseler
Zeitung vom 18. und 22. März 1885.

Schanz, G., Die directen Steuern Hessens und deren neueste
Reform. — (Darmstadt.) — Finanzarchiv, Zeitschr. f. das
ges. Finanzwesen II, 1 S. 235—529. Stuttgart 1885. Du.

c. Münzverhältnisse.

Unmassgebliche aus Grundsätzen der Münzwissenschaft her-
geleitete Beantwortung der von Hochfürstl. Hess. gnädigst
privilegirten Gesellschaft des Ackerbaues und der Künste
in Absicht des 20 und 24 Gulden-Fusses f. d. Jahr 1775
ausgesetzten Preissfrage. Kassel 1776. (Murh. Bibl.)

Murhard, K., Ueber Geld und Münze überhaupt und in besonderer Beziehung auf das Königreich Westfalen. Kassel
und Marburg 1809. (Bibl. Königl. Reg. Kassel.)

Nebel, Die Hessischen Münzstätten im Mittelalter. — Archiv
hess. Gesch. I, S. 93—99. Darmstadt 1835. (Beh. Franken-

berg, Hersfeld, Gelnhausen, Minzenberg, Friedberg, Marburg, Grünberg
und Eisenach. Rattenberg, Ziegenhain, Nidda, Kassel, Hofgeismar,
Amöneburg, Wetzlar.)

Weishaupt, O., Bericht betr. die Beschaffung einer neuen
Goldmünze für die durch den Münzvertrag vom 24. I.
1857 verbundenen Staaten an die 4. Landesvers. der Kurh.
Handels- u.Gewerbevereine erstattet. Kassel 1865. (Murh.Bibl.)

Meyer, Ad., Die Münzen der Freiherren Schutzbar, gen.
Milchling. — Numismat. Zeitschr. 14. Bd. Jahrg. 1882.
Wien. S. 103—108. Du.

3. Geistige Cultur.

a. Religions- und Kirchenwesen.

Rhabanus Maurus' Bericht über die am 1. Nov. vollzogene
Einweihung der Fuldaer Kirche. — In Broweri Antiq.
Fuld. S. 110—112. 1612. (Vergl. Neues Archiv der Ges.
für ältere deutsche Geschichtskunde IV. S. 260 u. 290.
Hannover 1877.)

Ledderhose, C., De nexu dioecesano abbatiae Hersfeldensis
ecclesiisque patronatus jure ad eandem abbatiam olim
spectantibus commentatis. Cassellis 1786.

Bickel, J. W., Ueber die Reform der protestant. Kirchenverfassung in bes. Bez. auf Kurhessen. Marburg 1831.

Scheffer, V., Ueber Predigervereine und neue Reform des Con-
ventswesens in besonderer Beziehung auf Kurhessen. Marburg 1838.

Erste protestantische Versammlung wider die Feinde d. Lichtes
zu Kassel am 14. Aug. 1839. Kassel 1839. (Murh. Pibl.)

Carl, J., Die Bekenntnissschriften, vertheidigt gegen ihre
Widersacher im Hessenlande. Hanau 1839.

Ludwig, Ch. F. W., Worte zur Verständigung über die
Behauptung, dass der evang. Geistliche auf die symbolischen
Bücher verpflichtet werden müsse. Kassel 1839.

Bickell, J. W., Ueber die Verpflichtung der evangelischen
Geistlichen auf die symbolischen Schriften mit besonderer
Beziehung auf das Kurhess. Kirchenrecht. Kassel 1839.

Bayrhoffer, K. Th., Kritische Beleuchtung der Schrift Bickell's:
Ueber die Verpflichtung der evang. Geistlichen auf die
symbolischen Schriften mit bes. Beziehung auf das Kurhessische Kirchenrecht. Leipzig 1839.

Bayrhoffer, K. Th., Zweite allgemeinere kritische Beleuchtung etc. Leipzig 1839.

Bayrhoffer, K. Th., Beleuchtung zweier neuen Erscheinungen in dem Kurhess. Symbolstreit. Leipzig 1839.

Keine Symbole mehr! Sendschreiben an die Freunde der Aufklärung in Kassel. Osnabrück 1840.

Schmitt, L. J. K., Das Religionsgespräch zu Marburg im Jahre 1529. Marburg 1840.

Heppe, H. L. J., Thatsachen aus der kurhess. Kirchengeschichte oder: Einige Worte über die Schrift des Pfarrers Vilmar (Rotenburg) »Die kurhess. Kirche.« Kassel 1844.

Büff, G. F., Verbreitung der evangelischen Lehre im Stifte Fulda. — Niederer's Zeitschrift f. histor. Theologie S. 29—49. Jahrg. 1846.

Curtze, C., Entwurf zu einer Verfassung für die evang. Kirche in d. Fürstenth. Waldeck u. Pyrmont. Mengeringhausen 1849.

Curtze, C., Geschichte der evang. Kirchenverfassung in dem Fürstenthum Waldeck. Arolsen 1850.

Heppe, H., Das rechtliche Verhältniss der Universität zu Marburg zur evang. Kirche Hessens, aktenmässig dargelegt. Marburg 1850.

Martin, H., Die Kurhessischen Verordnungen vom 4., 7. und 28. IX. 1850.

Heppe, H., Geschichte des deutschen Protestantismus in den Jahren 1555—1581. 4 Bde. Marburg 1852—59.

Heppe, H., Abdruck der ältesten Nachricht über den Beginn der Reformation zu Hersfeld im Jahre 1523. — Zeitschrift hess. Gesch. VI, S. 328—333. Kassel 1854.

Richter, L., Gutachten, die neuesten Vorgänge in der evangelischen Kirche des Kurf. Hessen betr. Leipzig 1855. (Bibl. Königl. Reg. Kassel.)

Sudhoff, K., Reformation und Bekenntnissstand in Hessen. — Herzog's Realencyklopädie für protestantische Theologie. 6. Bd. S. 29—49. Stuttgart 1856.

Vilmar, A. F. C., Bedenken über das unter dem 10. IX. 55. von der theol. Fakultät zu Marburg ausgestellte Gutachten über die hess. Katechismus- u. Bekenntnissfrage. Berlin 1856.

Ruckert, L. H., Beiträge zur Geschichte der am 20. October 1852 zu Ziegenhain gehaltenen Diöcesansynode. Ein Wort zur Abwehr. Marburg 1856.

Vilmar, A. F. C., Das lutherische Bekenntniss in Oberhessen und das Gutachten der theologischen Fakultät in Marburg. Marburg 1858.

Büff, Beiträge zur Geschichte der Cistercienser Nonnenklöster Frauensee und Kreuzberg und deren spätere Schick-

sale. — Zeitschr. hess. Gesch. VIII S. 1—31. Kassel 1860
und ebenda VII. S. 36—63. Kassel 1858.

Wippermann, C. W., Notizen über das Alter der Kirchen
in der Grafschaft Schaumburg. — Zeitschr. hess. Gesch.
VII S. 64—70. Kassel 1858.

Denkschrift zur Erinnerung an die 200 jährige Jubelfeier der
ref. Gemeinde zu Frankenberg in Kurhessen, den 21. IX.
1862. W str.

Falckenheiner, W., Der evang. Geistliche und das öffentl.
Leben. Eine Zeitfrage mit bes. Rücks. auf d. Kurhess.
Zustände. Kassel 1865.

Rullmann, J., Geschichte der evangel.-reform. Pfarrei Hinter-
steinau. — Zeitschr. hess. Gesch. X, S. 39—96. Kassel 1865.

Vilmar, A. F. C, Abriss einer Geschichte der niederhessischen Kirchengesangbücher bis zum J. 1770. — Zeitschr.
hess. Gesch. N. F. I S. 204—226. Kassel 1867.

Die neuen evang. Landestheile Preussens und die Union.
Berlin 1867.

Beleuchtung der Declaration über den Bekenntnissstand der
niederhess. Kirche. Von einem niederhessischen Pfarrer.
Kassel 1868.

Vilmar, A. F. C., Kirchengeschichtliche Miscellen u. Notizen.
— Ztschr. hess. Gesch. N. F. II. S. 132—185. Kassel 1869.

Heppe, Die hessischen »Fragstücke« und die Abh. des Herrn
Dr. Lucius über dieselben. — Allg. Kirchenzeitung 1869.
Darmstadt.

Hartwig, Th., Der Uebertritt des Erbprinzen Friedrich von
Hessen-Kassel zum Katholicismus. Ein Beitrag zur Geschichte der katholischen Propaganda aus der Zeit des
7jähr. Krieges. Nach den Akten des hess. Staatsarch.
Kassel 1870. *ga.*

Oetker, F., Die kurhess. Kirchenfrage. — Preuss. Jahrb.
XXVII, Heft 4. Berlin 1870.

Verhandlungen der ausserordentlichen Synode für die evangelischen Gemeinden des Reg.-Bez. Kassel, 8. bis 17. Dez.
1869 und 6. bis 21. Jan. 1870. Kassel 1870.

Offener Brief an sämmtliche Träger des geistlichen Amtes
in der niederhessischen Kirchengemeinschaft in Betreff des
Rechtsbestandes der Kirchenordnung von 1857. Rengshausen 1870.

Fürer, K. E., Ueber die Mitwirkung der Gemeinden bei
Besetzung erledigter Pfarrstellen, also den Kardinalpunkt
der Presbyterial- u. Synodal-Verfassung. Kassel 1870.

Handacten des Dr. K. Bernhardi betr. d. ausserord. Synode für den Reg.-Bez. Kassel 8. XII. 69 und 21. I. 70. (Enthält zahlreiche auf diese Synode bez. Flugblätter etc., sowie viele handschriftl. Bemerkungen und Notizen Bernhardis.) (Murh. Bibl.)

Hartmann, Schmidt, Neuber und *Riebeling*, Offener Brief an sämmtl. Träger des geistl. Amtes in d. niederhess. Kirchengemeinschaft betr. d. Rechtsbestand der Kirchenordnung von 1657. Rengshausen 1870.

Meurer, Zur Orientirung über den Bekenntnissstand der niederhessischen Kirche. — Progr. Gymn. Rinteln 1871.

Nachweisung des Vermögens und des Einkommens sämmtlicher evang. Pfarreien im Reg.-Bez. Kassel. Nach amtl. Quellen. 1871. 4.

Martin, H. R., Kurzer Bericht über den Erfolg der am 8. Sept. d. J. in Sachen der hess. Kirchenverfassung in Guntershausen beschlossenen Rechtsverwahrung mit mehreren weiteren Erörterungen zur Sache. Berlin und Leipzig 1871.

Martin, H. R., Weiterer Bericht in Sachen des Rechtes der hessischen Kirche unter Berücksichtigung der neuesten Gesetzvorlagen K. Staatsregierung. Kassel und Leipzig 1871.

Pfeiffer, F., Bekenntniss und Abwehr in brennenden Fragen der hess. Kirche. Kassel 1871.

Hochhuth, C. W. H., Die Bedeutung der Marburger Kirchenordnung von 1527. Kassel 1879.

Beyer, A. W., Geschichte der ursprüngl. franz.-reformirten Waldenser-Gemeinde Waldensberg im Ysenburg-Wächtersbachischen. — Zeitschr. hess. Gesch. N. F. VIII, S. 349 bis 369. Kassel 1880.

Kolbe, W., Die Gerechtsame der evang.-luther. St. Elisabeth-Gemeinde an ihrer Kirche, urkundlich dargelegt. Marburg 1881.

Koch, F., Die Confirmation nach der hesssischen Kirchenordnung von 1657. Kassel 1881.

Wolff, W., Kurze Nachricht über die geschichtlichen und rechtlichen Verhältnisse der evangelisch reform. Stadt- und Universitätskirche zu Marburg. — Progr. Realprogymn. Marburg 1883. 4.

Köhler, K., Kirchenrechte der evangelischen Kirche des Grossh. Hessen. Darmstadt 1884.

Duncker, A., Die Aufnahme der französischen Reformirten in Hessen durch den Landgrafen Karl im J. 1685. — Kasseler Zeitung 1885 Nr. 300—305 (31. Oct. bis 6. Nov.)

Kritiken und Aphorismen zur hessischen Synodalsache.
Kassel (Klaunig.)

Vilmar, L., Protest gegen die beabsichtigte Synodalverfassung.
Kassel 1885.

Lucius, J. und *H. Leuss*, Bericht über die Verhandlungen
der ausserord. Synode für die evangelischen Gemeinden des
Konsistorialbezirks Kassel. Kassel 1885.

b. Schulwesen.

Hamelmann. H., Opera genealogica-historica. Lemgo 1711.
(Enth. auch Versch. über Hessische Schulmänner.)

Curtius, M. C., Principum et Comitum, qui Academiae Mar-
burgensi nomina dederunt, recensus agitur. Univ. Progr.
Marburg 1776.

Allgemeine Ordnung für die niederen Schulen des Bisthums
u. Fürstenthums Fulda. Fulda 1781. (Bibl. Königl. Reg. Kassel.)

Ueber Lehrplan, Feierlichkeiten etc. der Jesuitenschule zu
Fulda. (Manuscript [Folioband] in der Landesbibl. Fulda.)

Münscher, G., Magazin für das Kirchen- und Schulwesen in
Hessen. Marburg 1803.

Villers, Ch., Coup-d'œil sur les universités et le mode
d'instruction publique de l'Allemagne protestante; en par-
ticulier du Royaume de Westphalie. Kassel 1808. (Murh. Bibl.)

Wiss, G., Erste Nachricht von dem Fortgange, der Einrichtung und der Wirksamkeit des Kurf. Gymnasiums zu
Rinteln. — Programm Gymn. Rinteln 1818.

Wiegand, C., Die Taubstummen in Kurhessen, mein erster
Gedanke und die Beweggründe, sie zu unterrichten mit
gedrängter Uebersicht eines Planes. Kassel 1827.

Dahl, Rabanus Maurus, erster Abt zu Fulda. — Buchonia
III S. 113—158. Fulda 1828.

Geisse, F. J., Rede bei der Feier der Grundsteinlegung zu
dem Seminar- und dem Schulgebäude in Homberg am 20.
Aug. 1834. Kassel 1834. (Murh. Bibl.)

Actenstücke betr. das Lyceum Fridericianum. Nebst Anlagen.
Kassel 1835. (Murh. Bibl.)

Bericht des Deputirten *Henkel* über 1) die Beschwerde des
Magistrats der Stadt Kassel die beabs. Vernichtung des
dasigen Lyceums betr., 2) die Errichtung eines neuen
Gymnasiums daselbst. Kassel 1835. (Murh. Bibl.)

Fenner, Wochenblatt für das kurhess. Volksschulwesen 1835.

Münscher, W., Chronik des Hersfelder Gymnasiums. — Progr.
Gymn. Hersfeld 1836 und 1837.

Kunstmann, Rhabanus Magnentius Maurus. Eine historische
Monographie. Mit 1 Abb. Mainz 1841.

Rhabanus Maurus. — In Migne, Patrologiae Cursus completus
CVII—CXII. Paris 1844 f.

Die Einweihungs-Feier des neuen Bürgerschul-Gebäudes in
Kassel am 26. April 1844. Kassel 1844. (Murh. Bibl.)

Gräfe, H., Geschichte der Realschule während der zwei
ersten Jahre ihres Bestehens. — Programm Realschule
Kassel 1845.

Bang, Kurhessische Schulblätter 1845—48.

Gräfe und *Clemen,* Pädagogische Zeitung. Leipzig 1845—47.

Kurhessisches Volksschulblatt, herausgegeben vom leitenden
Centralausschuss der Kreisschulsynoden. 1849—50.

Festfeier der Einweihung des neuen Hauptgebäudes der
Rettungsanstalt für verwahrloste Kinder zu Rengshausen.
Kassel 1847. (Murh. Bibl.)

Hasselbach, Ein Wort über die nothwendige Reform der kurhess.
Gymnasien. Hersfeld 1848. (Murh. Bibl.)

Dienstanweisung für die Lehrer der kurhessischen Gymnasien
vom 22. Oct. 1849. (Revid. 10. April 1852.) Regulativ
für die Abhaltung der Lehrerconferenzen 1849. (Beides als
Manuscript gedruckt.)

Hehl, Die Reorganisation der höheren Gewerbeschule in
Kassel. Ein Beitrag zur praktischen Pädagogik. 1. Heft.
Kassel 1849.

Hehl, 2. Heft: Weitere Erklärung einiger Stellen des 1.
Heftes und Rechtfertigung auf die Artikel der Neuhessischen
Zeitung Nr. 454—459, 9. bis 12. Oct. 1849. Marburg 1850.

Lehrerstimmen gegen die schulfeindlichen Umtriebe und die
Anklage gegen *Dr. Gräfe* von Seiten der pietistisch-mysti-
schen Partei im kurhessischen Lehrerstande. Kassel 1849.
(Murh. Bibl.)

Schilbe, A. und *W. Bang,* Die wahren und die falschen
Schulfreunde Kurhessens. Ein Wort für urtheilsfähige
Freunde der Wahrheit gegen die Schrift »Lehrerstimmen
gegen die schulfeindlichen Umtriebe und die Anklage
gegen Dr. Gräfe etc.« Marburg 1850. (Murh. Bibl.)

Hehl, Darstellung und Erklärung der inneren Einrichtung
der höheren Gewerbeschule. — Progr. höh. Gewerbeschule.
Kassel 1851.

Jahresberichte über die Rettungsanstalt für sittlich verwahrloste Kinder auf Hof Raith bei Schlüchtern. Hanau 1854 etc.

Fliedner, *C.*, Ueber die Geschichte des lutherischen Gymnasiums in Hanau. — Programm, Realschule. Hanau 1854 S. 5 ff.

Heppe, *H. L. J.*, Die Verpflanzung des theol. Doctorats von Tübingen nach Marburg im J. 1564. — Zeitschrift hist. Theologie 1854. I. (Sep. Abdr. in der Murh. Bibl.)

Hessische Schulzeitung, begr. von Chr. Liebermann. (Früher: Schulnachrichten für Kurhessen) 1856 bis jetzt.

Palmer, *Ch.*, Ein deutscher Schulmann vor 1000 Jahren. — Süddeutscher Schulbote Nr. 2—4. Stuttgart 1856. (Der Deutsche Schulmann ist Rhabanus Maurus.)

Thiersch, *H. W. J.*, Zurückführung des Gymnasialunterrichts zur Einfachheit, eine Aufgabe der Gegenwart. Marburg 1857.

Denhard, Mittheilung über Plan, Lehrgang, innere und äussere Einrichtung der höheren Mädchenschule zu Hanau. — Programm höheren Mädchenschule. Hanau 1859.

Büff, *G. L.*, Kurhessisches Kirchenrecht, bearb. mit Rücksicht auf C. W. Ledderhose u. Chr. H. Pfeiffer. Kassel 1861. (Enthält v. S. 899 an als Anhang das kurhess. Volksschulrecht.)

Classen, Programm des Gymnasiums zu Frankfurt 1861. (Behandelt S. 32 ff. auch das Progymnasium in Schlüchtern.)

Gelehrtenschulen in Hessen im 16. und 17. Jahrh. — Schmid's Encyklopädie Bd. II, S. 651 ff. Gotha 1860.

Ueber Waisenhäuser, Rettungsanstalten, Taubstummenanstalten u. dgl. siehe Bezzenberger in Schmid's Encyklopädie Bd. 3. S. 507—511 (2. Aufl. S. 486—491).

Krause, *C.*, Euricius Cordus, eine biogr. Skizze aus der Reformationszeit. — Progr. Gymn. Hanau 1863. (E. Cord. war Rector der höheren Schule zu Wetter.) (Vergl. auch *Siebert*, die höhere Schule zu Wetter und *Mahrdt-Plitt*, Nachrichten von Wetter. Frankfurt a. M. 1769.)

Hartwig, *Th.*, Die Hofschule zu Kassel unter Landgraf Moritz dem Gelehrten. Inaug.-Diss. Marburg 1864.

Vormbaum, *R.*, Die evangelischen Schulordnungen des 16., 17. und 18. Jahrhunderts. Berlin 1867.

Caesar, *C. J.*, Die Universität Marburg als Stiftung Philipps des Grossm. Rede zur Feier des Geburtstags des Königs am 22. März 1867. Marburg 1867.

Murhard, *M.*, Zur hessischen Familiengeschichte. — Zeitschr. hess. Gesch. N. F. I. S. 87—92, 340—369. Kassel 1867. (Enth. die Bestimmungen betr. verschiedene Beneficien für Studirende.)

Fundation des Landgrafen Philipps d. Gr. für die Pfarren
und Schulen zu Kassel. — Zeitschrift hess. Gesch. N. F. I.
S. 378—382. Kassel 1867.

Herwig, Der allgemeine Lehrplan der Realschule zu Hanau. —
Programm der Realschule zu Hanau 1868.

Riess, Verschiedene Mittheilungen aus der Geschichte des
Gymnasiums zu Rinteln. Gymn.-Progr. Rinteln 1868.

Die Volksschule im Kampfe um ihr Recht. Denkschrift des
hess. Volksschullehrervereins. Die Küsterfrage, Gehalts-
frage und die Stellung der Schule. Kassel 1871. (Murh. Bibl.)

Aktenstücke auf die Gründung des Gymnasiums bezüglich :
1) Die Bestätigungs-Urkunde der Anstalt vom Kaiser
Maximilian II. 2) Die Stiftungsurkunde vom Abt Michael.
3) Die Dotationsurkunde des Gründers. 4) Eine Reihe
von Specialurkunden — Festprogramm zur 300jährigen
Gründungsfeier des Hersfelder Gymnasiums. Hersfeld 1870.

Eysell, G. F., Das dreihundertjährige Jubiläum des Gymnasiums
zu Hersfeld. — Programm Gymnasium Hersfeld 1871.
(Enth. des Herausgebers Rede über die Geschichte der Anstalt.)

Caesar, J., Catalogi studiosorum scholae Marpurgensis antiquis-
simi. Marburg 1872, 1874 bis 1885. 4. (Die bis jetzt erschienenen
13 Theile umfassen die Jahre 1527 – 1625 und sind Universitäts-Pro-
gramme, z. Th. aber auch selbständig erschienen.)

Wagner, B., Die Realschule zu Fulda von ihrer Gründung
bis zu ihrer jetzigen Verfassung. — Programm höherer
Bürgerschule. Fulda 1873.

Rullmann, J., Geschichte des Gymnasiums zu Schlüchtern. —
Zeitschr. hess. Gesch. N. F. IV. 28—93. Kassel 1873.

Duncker, A., F. Rückert als Professor am Gymnasium zu
Hanau. Eine Episode aus den Wanderjahren des Dichters.
Hanau 1874. Eine 2. umgearbeitete, Wiesbaden 1880 er-
schienene Auflage führt den Titel: Fr. R. als Prof. am
Gymn. zu Hanau und sein Director Johannes Schulze.

Caesar, J., Fasti Prorectorum et Rectorum universitatis Mar-
burgensis a saeculari eius anno 1827 usque ad hoc tempus
deducti. Univ.-Progr. Marburg 9. Aug. 1877. 4.

Duncker, A., Kurze Geschichte der Bibliothek des Gymnasiums
und Verz. der alten Drucke derselben bis zur Mitte des
16. Jahrh. — Progr. Gymn. Hanau 1877. 4.

Dienstanweisung für die Oberschulinspektoren in Kurhessen.
— Deutsche Schulgesetzsammlung 1877. S. 379 ff.

Gross, F. G. K., Zur Statistik des Lyceum Fridericianum
während seines Bestehens von 1779—1835. Festschrift

zu der am 13.—15. Aug. 1879 zu begehenden Gedächtniss-
feier zu Kassel 1879.

Caesar, J., Christian Wolf in Marburg. Marburg 1879. Wstr.

Vogt, G., Zur Statistik des Lyceum Fridericianum für den
Zeitraum von 1779 bis 1835. Programm Gymnasium
Kassel. 1880. 4.

Münscher, F., Chronik des Gymnasiums zu Marburg von
1833 bis 1883. Nebst alphabet. Verzeichniss sämtlicher
Schüler. Marburg 1883.

Münscher, F., Chronik des Gymnasiums zu Marburg von
1833—83. — Progr. Gymn. Marburg 1883. 4.

Koerber, J. und *Rathmann*, Zwei Beiträge zur Geschichte
der Anstalt a) Die Lehrer des Gymnasiums von 1835 bis
1885. b) Die Abiturienten von 1835 bis 1885. Jahresbericht Gymnasium Fulda. 1885. 4.

Specht, F. A., Geschichte des Unterrichtswesens in Deutsch-
land von den ältesten Zeiten bis zur Mitte des 13. Jahrh.
Eine von der histor. Kommission bei der k. bayerischen
Akademie der Wissensch. gekrönte Preisschr. Stuttgart 1885.
(Behandelt im 1. Abschn. des III. Kap. S. 296—307 als hervorragende
Anstalten die Klosterschulen in Hessen: Fulda und Hersfeld.)

Vogt, G., Statistische Rückblicke auf die Geschichte des
Gymnasiums Lyceum Fridericianum zu Kassel. Programm
als Einladung zum Jubiläum v. 11. Mai 1885. Kassel 1885. 4.

Otto, Das Königl. evangel. Schullehrerseminar zu Homberg.
Festschrift zur Feier des 50jähr. Bestehens der Anstalt
am 22. Oktober 1885. Homberg 1885. Schw.

Rhabanus Maurus, der erste Lehrer Deutschlands. Von
J. Schneiderhan in Friedrichshafen. — Mittheilungen aus
, dem Gebiete des Volksschulwesens von Brandi. Osnabrück
1885. Nr. 13—14.

Gegenbaur, J., Ein Jahrhundert aus der Geschichte der
höheren gelehrten Schulen Fuldas (1734—1835). Festschrift zur Feier des 50. Stiftungstages des jetzigen K.
Gymnasiums zu Fulda. 1885. 4.

Z(wenger), Zur Geschichte der Gymnasien in Kassel und
Fulda. Eine Jubiläums-Betrachtung. — Kasseler Zeitung
Nr. 127—130, 136, 137, 143, 145—147, 156—158, 160.
Kassel, 10. Mai etc. bis 13. Juni 1885.

c. Wissenschaft und Kunst

einschl. Vereine und Sammlungen.

Gesner, Marmoris Casselani, quo Aesculapius, Hygea et Tele-
sphorus celebrantur explicatio. — Comment. Soc. reg.
scient. Goettingensis II S. 281. Göttingen 1753.

Gesner, De marmore Cassellano gymnastico. — Ebenda IV
S. 214. 1755.

Hassencamp, Ueber einen bronzenen Pfau und eine Figur
der Hygea in Museum Frider. in Kassel. — Mémoires de
la soc. des antiquaires à Cassel I S. 359.

Local-Gesetze, Der g ∴ u ∴ v ∴ St ∴ Johs ∴   zur volkom-
menen Eintracht u. Freundschaft etc. Kassel 1819. (Murh. Bibl.)

Statuten der grossen Mutterloge von Kurhessen. Kassel 1822.
(Murh. Bibl.)

Freymaurer-Lieder zum Gebrauch für die St ∴ J ∴ Loge.
Herausg. von A. Riesch. Kassel 5813. (Murh. Bibl.)

Völkel, Von den in der churfürstl. Bibliothek zu Kassel vor-
handenen Handschriften derjenigen Quellenschriftsteller,
deren Titel in der Ankündigung der Gesammtausgabe an-
gegeben sind. — Pertz, Archiv der Ges f. ältere Geschichtskunde I S. 325. Frankfurt 1820.

Pertz, Handschriften der churfürstl. Bibliothek zu Kassel.
Ebenda VI S. 203.

Landau, G., Die Rittergesellschaften in Hessen während des
14. und 15. Jahrhunderts. — Suppl. I der Zeitschr. hess.
Gesch. Kassel 1840. v. U.

Generalbericht über die Wirksamkeit des Vereins zur Beförderung der bildenden Kunst in Kurhessen. Kassel
1839—41. (Murh. Bibl.)

Blätter des Vereins zur Beförderung der bildenden Kunst
in Kurhessen. Kassel 1839—42. (Murh. Bibl.)

Buchner, K., Der Stamm der Hessen in seiner Gegenwart,
mit Rücksicht auf Wissenschaft, Kunst, Gewerbe, Handel,
Oertlichkeiten, Gesellschaft und Leben. Karlsruhe 1845.

Denhard, B., Die Gebrüder Jakob und Wilhelm Grimm, ihr
Leben und Wirken. Ein Vortrag. Hanau 1860.

Die Freimaurerei in ihrem Ursprung etc. Mit bes. Rücksicht
auf den Fr.-Convent am Wilhelmsbade bei Hanau 1782.
Hanau 1862. (Murh. Bibl.)

v. Dehn-Rotfelser, H., Vortrag über mittelalterl. Baudenkmäler. (Abdruck aus der Allg. Bauzeitung. Wien 1862.)
(Murh. Bibl.)

v. Dehn-Rotfelser, H. und *Lotz, W.*, Die Baudenkmäler im Regierungsbezirk Kassel. Kassel 1870.

Fulda, K. und *Hoffmeister, J.*, Hessische Zeiten und Persön-
lichkeiten von 1751—1831. Marburg 1876.

Wyss, A., Hessisches Urkundenbuch. 1. Abtheilung. Urkunden der Deutsch-Ordensballei Hessen. 1. Bd. von

1207—1299; 2. Bd. von 1300—1359. — Band III und
XIX der Publikationen aus den k. preuss. Staatsarchiven.
Leipzig 1878 und 1884. Du.

S. L. (wohl S. L. Ruhl), Die Gründung der Hessen-Kasselschen
Gemäldegallerie und ihre nachmaligen Schicksale. Kassel
1880. *qu*

Gross, F. G. C., Ueber den Hildebrandslied-Codex der
Kasseler Landesbibl. nebst Angaben und Vermuthungen
über die Schicksale der alten Fuldaer Handschriften-
Bibliothek überhaupt. — Zeitschr. hess. Gesch. N. F. VIII.
S. 143—176. Kassel 1880.

Duncker, A., Landgraf Wilhelm IV. von Hessen, gen. der
Weise, und die Begründung der Bibliothek zu Kassel im
J. 1580. Kassel 1881.

Lenz, A., Die landgräfliche Porzellanmanufaktur zu Kassel.
— Jahrb. Preuss. Kunstsamml. II, S. 219—222. Berlin 1881.

Völkel, L., Die Beraubung des Museums und der Bibliothek
zu Kassel durch die Franzosen und der Bau des west-
phälischen Ständesaales. Manuscript, herausgegeben von
A. Duncker. — Zeitschr. hess. Gesch. N. F. IX, S. 249
bis 290. Kassel 1882.

Duncker, A., Die Bestrebungen hessischer Fürsten auf wissen-
schaftlichem Gebiet. (Ref. über einen Vortrag.) Corr. Bl.
Gesammtver. deutsch. Gesch. Ver. Oct. Nr. 1882. (Auch
abgedr. Hess. Bl. XIV Nr. 874, 25. Oct. 82.)

B. F., Die Gemäldegalerie in Kassel. — Sonntagsbeilage zur
Neuen Preuss. (Kreuz-Zeitung) 1882, Nr. 27. Berlin 2. Juli.

Duncker, A., Ueber die Bedeutung der Pfälzer Erbschaft des
Landgrafen Karl von Hessen für die Kasseler Landes-
bibliothek. (Ref. über einen Vortrag.) — Mittheilungen
Ver. hess. Gesch. 1883 S. XIV—XVI. Kassel 1883.

Kolbe, W., Zur Geschichte der Freimaurerei in Kassel 1766
bis 1824. Berlin 1883.

W. L., Neues aus der Kasseler Gallerie. — Allgemeine
Zeitung, München 2. November 1884, S. 4507 —8.

Duncker, A., Der Verein für hess. Geschichte und Landes-
kunde in den ersten 50 Jahren seines Bestehens 1834—84.
Festschrift. (Mit den Porträts der 4 Stifter.) (Zeitschr.
Ver. hess. Gesch. N. F. Suppl. X.) Kassel 1884. 4.

Duncker, A., Em. Geibel in seinen Beziehungen zu Hessen.
— Hess. Morgenzeitung Nr. 12117 und 12119. Kassel
16. und 17. IV. 1884.

Einert, F., Crotus Rubianus. Ein Beitrag zur Geschichte
des Humanismus in Thüringen I. — Zeitschr. Ver. thür.
Gesch. und Altert. N. F. IV. S. 1—71. Jena 1884. Du.

Hoffmeister's, J., Gesammelte Nachrichten über Künstler und
Kunsthandwerker in Hessen seit etwa 300 Jahren. Herausgegeben von G. Prior. Hannover 1885. Du.

Ueber die Gemäldegallerie und das Gerichts- und Regierungs-
gebäude zu Kassel. — Jahrbuch der K. Preuss. Kunstsamm-
lungen Band VI, Heft 1. Berlin 1885.

Duncker, A., Die Brüder Grimm. Kassel 1884.

Duncker, A., Aus der Jugendzeit der Brüder Grimm. —
Deutsche Rundschau XI, 4. Berlin, Januar 1885.

Duncker, A., Jakob und Wilhelm Grimm in den Jahren
1812—1815. — Kasseler Tageblatt und Anzeiger Nr.
1—4, Kassel 2. bis 5. Januar 1885.

Roediger, M., Jakob Grimm. — Westermanns Monatshefte,
April 1885.

Zarncke, Fr., Die Brüder Grimm. — Unsere Zeit. März
1885. Du.

Scherer, W., Rede auf Jakob Grimm. Geh. in der Aula der
Kgl. F. W. Univers. am 4. Januar 1885. Berlin 1885. 4.

Stengel, E., Die Brüder Grimm. Vortrag, geh. im Fortbil-
dungsverein zu Marburg. Sep. Abd. aus dem Marb. Tageblatt 18—27. Nov. 1885. Marburg 1885.

Bartsch, K., Die Brüder Grimm. Festrede, geh. am 4. Jan.
1885 zu Hanau. In erweiterter Gestalt herausgegeben.
Frankfurt a. M. 1885.

Dahn, F., Jakob Grimm. — Deutsche Revue X, Dezember-
Heft, S. 289—319. Breslau und Berlin 1885.

Duncker, A., Die Erwerbung der Pfälzer Hofbibliothek durch
den Landgrafen Karl von Hessen-Kassel im Jahre 1686. —
Centralblatt für Bibliothekswesen II. Heft 6 (Juni). S. 213
bis 225. Leipzig 1885.

Wepler, E., Die Schicksale der Kasseler Bildergalerie während
der französischen Fremdherrschaft. — Hessische Blätter
Nr. 1119. Melsungen 25. März 1885.

Duncker, A., Emanuel Geibels Briefe an Karl Freih. von der
Malsburg und Mitglieder seiner Familie. Berlin 1885.

Stengel, E., Private und amtliche Beziehungen der Brüder
Grimm zu Hessen. Eine Sammlung von Briefen u. Acten-
stücken als Festschrift zum 100. Geburtstage Wilh. Grimms
24. Febr. 1886. Bd. I. Briefe der Brüder Grimm an hes-

sische Freunde. Bd. II. Actenstücke über die Thätigkeit
der Brüder Grimm im hess. Staatsdienst. Marburg 1886.
Gerland, E., Geschichte des Vereins für Naturkunde zu
Kassel von 1836—1886. Mit dem Bilde R. A. Philippi's. —
Festschrift etc. Kassel 1886.

4. Volksthümliches.

(Sagen, Märchen, Aberglaube; Sitten, Gebräuche, Trachten; Bauart und
Einrichtung der Häuser; Mundarten, Volkslied.)

Rossbach, C., Paradeissgärtlein, darinnen die edleste vnnd
fürnembste Kräuter nach ihrer Gestalt vnd Eigenschaft
abcontrafeytet vnd mit zweyerley Wirkung, Leiblich vnd
Geistlich etc. geordnet und beschrieben sind. Frankfurt
am Mayn 1588.

Rossbach, C., Rosa D. Mariae. Das ist Christliches u. Geist-
liches Rosengärtlein. Frankfurt 1587. (Wichtig für Pflanzen-
symbolik, Aberglaube und Sprache der Wetterau.)

(Schmieder, K. Chr.) Frau Holle, ein hess. Volksmärchen
vom Meissnerberg. Kassel 1819. Pi.

Heusinger, E., Sagen aus dem Werrathale. Eisenach 1841.

Scharold, Die Rhöner Mundart. — Unterfränk. Archiv VII, 3,
S. 164. Würzburg 1843.

Kellner, G., Hessenlieder. Kassel 1848. 12. (Bibl. Kgl. Reg. Kassel.)

Lyncker, K., Volkswitz in Schwänken, Spitznamen, Redens-
arten etc. — Hess. Jahrb. f. 1854 S. 223—235. Kassel 1854.

Drei Sagen von der Mittelweser. — Hessisches Jahrbuch
für 1854. S. 219—221. Kassel 1854.

Fünf Volkslieder zur Geschichte Philipps des Grossmüthigen.
Mitgetheilt von J. L. Mittler. — Hessisches Jahrbuch für
1854. Kassel 1854.

v. Ditfurth, F. W., Fränkische Volkslieder mit ihren zwei-
stimmigen Weisen, wie sie vom Volke gesungen werden,
aus dem Munde des Volkes selbst gesammelt. 1. Theil
Geistliche Lieder. 2. Theil Weltliche Lieder. Leipzig 1855.

Schmitt, K., Hans Hoose und Landgraf Karl. Eine Schwälmer
Dorfgeschichte. — Hess. Jahrbuch für 1855. S. 116—144.
Kassel 1855.

Falckenheiner, W., Sprienfängers Aennlischen, eine Dorfgeschichte aus Niederhessen. Ebenda S. 161—187.

Rodenberg, J. L., Der junge Herr von Steckelburg. Eine
althessische Sage. Ebenda S. 266—268.

Heiteres aus Hessen. Altes und Neues in altkasselischer
und niederhessischer Mundart. Kassel, Vollmann, s. a.

Allerlä Erlcbtes on Geheertes. Marburger Geschichten
und Anekdoten. Marburg s. a. 6.

Dithmar, G. Th., Aus dem Neuen Aesop. (Eine Serie hcs-
sischer Anekdoten.) Kasseler Zeitung (verschied. Nummern
der Jahrgänge) 1863—1866. Di.

Kolbe, Beiträge zur Geschichte der Medicin in Hessen. —
Zeitschr. hess. Gesch. N. F. I, S. 1—20. Kassel 1867.

Bindewald, Th., Neue Sammlung von Volks-Sagen aus dem
Vogelsberg und seiner nächsten Umgebung. Dem Volks-
munde nacherzählt. — Arch. hess. Gesch. XII. S. 215—330.
Darmstadt 1870.

v. Ditfurth, F. W., Deutsche Volks- und Gesellschaftslieder
des 17. und 18. Jahrhunderts. Nördlingen 1872.

v. Ditfurth, F. W., Historische Volkslieder der Zeit von
1756—1871. Aus flieg. Blättern, handschriftl. Quellen und
dem Volksmunde gesammelt. 2 Bde. Berlin 1872—74.
(Hessisches I, S. 46, 107 etc.)

v. Ditfurth, F. W., 110 Volks- und Gesellschaftslieder des
16., 17. u. 18. Jahrh. mit und ohne Singweisen. Stuttgart 1875.

Matthias, R., Die Volksheilmittel des Kreises Schmalkalden.
— Zeitschr. Ver. Henneberg. Gesch. zu Schmalkalden.
1. Heft, S. 40—48. Schmalkalden 1875.

Erzählungen und Gedichte in verschiedenen hessischen
Mundarten. — Althessischer Volkskalender von W. Hopf.
Melsungen 1875—1885. 4. Pi.

Geibel, P., Humoristische Gedichte in Wetterauer Mundart.
Friedberg 1878.

Ein Dutzend Gedichte aus hess. Kriegsgesch. Melsungen 1879.

Birlinger, A., Sittengeschichtliches und Sprachliches aus Hessen.
— Archiv hess. Gesch. XV. S. 376—398 u. S. 545—570.
Darmstadt 1884.

Braun, K., (Wiesbaden) Sprachstudien aus der guten und aus
der schlechten Gesellschaft. — Gegenwart 1884, Nr. 20,
S. 315. (Enthält auch einiges Dialektische aus Kassel und nächster
Umgegend.)

Birlinger, A., Aus Conrad Dietrich von Ulm. Volks-
thümliches aus Hessen. — Alemannia, Zeitschrift für
Sprache etc. XII, S. 170—172. Bonn 1884.

v. Pfister, H., Sagen und Aberglauben aus Hessen und Nassau.
Marburg 1885.

Böckel, O., Deutsche Volkslieder aus Oberhessen. Gesammelt
und mit kulturhistorischen und ethnologischen Erl. herausgegeben. Marburg 1885.

Weinmeister, *P.*, Marborger Geschichtercher. 2. Aufl. Mit
1 Illustration. Marburg 1885. 16.

Vilmar's Handbüchlein für Freunde des deutschen Volks-
liedes. 3. Aufl., besorgt von Prof. Crecelius, durchgesehen
von O. Böckel. Marburg 1885.

v. Pfister, *H.*, Sagen und Aberglaube aus Hessen und Nassau.
Als Beitrag zu vaterländischem Volksthume bearbeitet.
Marburg 1885.

v. Herrlein *A.*, Die Sagen des Spessarts. 2. Aufl. Herausg.
von J. Schober. Aschaffenburg 1885.

Kolbe, *W.*, Hessische Volkssitten und Gebräuche im Lichte
der heidnischen Vorzeit. Marburg 1886. Du.

Zum Kasseler Dialekt. — Hess. Morgenzeitung 1886. Nr. 80
und 86. Kassel 17. und 21. Februar.

5. Allgemeingeschichtliches.

a. Ethnographie im Sinne der Herkunftslehre
der Bewohner.

Dilthey, Das Gebiet des Grossherzogthums Hessen in den
Zeiten der Völkerwanderung. — Archiv hess. Gesch. und
Landesk. VI. S. 171—207 und 369—404. Darmstadt 1849.

Wer hat chattisches Blut in den Adern? — Hess. Bl. XI.
Nr. 488. Melsungen. 4. Jan. 1879.

Arnold, *W.*, Ueber das Verhalten der Reichs- und Stamm-
geschichte mit bes. Rücksicht auf die althess. Stammlande.
— In des Verf. »Studien zur deutschen Kulturgeschichte«
S. 3—22. Stuttgart 1882. (Erneuerter und theilweis ver-
änderter Abdruck eines 1875 zu Marburg ersch. Vortrags.)

Arnold, *W.*, Die Ortsnamen als Geschichtsquelle. — Ebenda
S. 23—86.

Arnold, *W.*, Die deutschen Stämme in Elsass und Lothringen.
Ebenda S. 86—115.

v. Pfister, *H.*, Nachträge zu des Verf. »Chattische Stammes-
kunde — Hess. Blätter XV, Nr. 917. Melsungen 31. März
1883. (Vergl. auch ebenda Nr. 919 u. 931.)

v. Pfister, *H.*, Chattischer und hessischer Name. — Hess.
Blätter XV. Nr. 940 und 942. Melsungen 23. Juni und
4. Juli 1883.

v. Pfister, *H.*, Chatten und Sigambern. — Hess. Blätter XV.
Nr. 991. Melsungen 19. Dec. 1883.

v. Pfister, *H.*, Hessen und Düringen. — Hess. Bl. XV.
Nr. 985 u. 993. Melsungen 28. Nov. u. 26. Dec. 1883.

v. Ditfurth, M., Ursprung und Bildung des hessischen Volkes und Landes. — Hess. Blätter XV, Nr. 960 bis 969. Melsungen 1. Sept. bis 3. Oct. 1883.

v. Pfister, H., Allerlei Chattisches oder Chattica Minora. — Hess. Blätter Nr. 1016. Melsungen 19. März 1884.

Reischel, Beiträge zur Ansiedelungskunde von Thüringen. Inaug.-Dissertation. Halle 1885.

b. Gau- und Territorialkunde, Ortsnamen und Wüstungen.

Curtze, L., Die Ortsnamen des Fürstenthums Waldeck. I. Heft. Arolsen 1848. II. 1850. Ei.

Friedemann, Die urkundlichen Formen des Flussnamens *Lahn*. — Archiv hess. Gesch. VI. S. 419—448. Darmstadt 1849.

Ob Kassel oder Cassel zu schreiben. — Notiz in Roth's klein Beitr. 3. Heft S. 105. München 1851.

Weigand, Oberhessische Ortsnamen. — Archiv hess. Gesch. VII. S. 241—332. Darmstadt 1853.

Landau, G., Histor.-topographische Beschreibung der wüsten Ortschaften im Kurfürstenthum Hessen etc. Supplement VII der Zeitschr. hess. Gesch. Kassel 1858.

Heber, P., Ueber die Kennzeichen der alten Gaugränzen. Mit 3 Holzschnitten u. 1 Gaugränzkarte. Darmstadt 1860. 4.

Kellner, W., Die Ortsnamen des Kreises Hanau. Etymolog. Studien. Hanau 1871. v. U. u. *ga.*

Wie schreibt man Kassel. - Hess. Bl. XI. Nr. 544. Melsungen 26. Juli 1879.

v. Pfister, H., Die deutschen Gaue des Mittelalters. — Hess. Bl. XIII. Nr. 775. Melsungen 1. Nov. 1881.

Ueber den Ortsnamen Vach. — Hess. Bl. XIII. Nr. 768. Melsungen 8. October 1881.

Dürre, H., Die Ortsnamen der Traditiones Corbeienses erläutert. — Ztschr. f. vaterl. Gesch. Westfalens. XXXXI, 2 u. XXXXII, 2. Münster 1883 u. 1884. (Enthält viele auf hess. Territorium sich beziehende Nummern.)

Kirchhoff, A., Der Name des Thüringerwaldes im Alterthum und im Mittelalter. — Mittheilungen geogr. Ges. Jena. III, 1. S. 18—27. Jena 1884.

Regel, F., Die Entwickelung der Ortschaften im Thüringer Wald [nordwestliches und zentrales Gebiet]. Ein Beitrag zur Siedelungslehre Thüringens. Mit 1 chromolith. Karte. — Ergänzungsheft Nr. 76 der Petermannschen Mitheilungen. Gotha 1884. 4.

Bossler, L., Die Ortsnamen von Starkenburg und Rhein-
hessen. — »Germania«. Herausg. von K. Bartsch, XXIX.
(N. R. 17. Jahrg.) S. 307—336. Wien 1884. Du.

Werneburg, A., Die Namen der Ortschaften u. Wüstungen
Thüringens. Mit 1 Karte (1 : 200000.) — Jahrbücher
K. Akademie gemeinn. Wissensch. Erfurt N. F. XII,
S. 1—213. Erfurt 1884. (Berücks. v. unserem Gebiet die Orte
Witzenhausen, Sooden-Allendorf. Eschwege, Wanfried, Schmalkalden
und Nachbarschaft.)

v. Pfister, H., Meine Vaterstadt Kassel. — Hess. Blätter
Nr. 1145. Melsungen 1. Juli 1885. (Kassel, nicht Cassel!)

c. Germanische und römische Alterthümer.

Bernhard, J. A., Alterthümer der Wetterau. Hanau 1734.

Ueber Alterthümer im Fuldaischen. — Berichte an die Mitgl.
Deutsch. Ges. zur Erforschung vaterl. Sprache. Leipzig
1833. S. 88.

Steiner, Geographische Bestimmung der römischen Civitates
im Gebiete des Grossherzogthums Hessen. — Archiv hess.
Gesch. I. S. 100 —105. Darmstadt 1835.

Schmidt, Nachgrabungen auf dem Rhöngebirge. — Jahresbericht Voigtl. Alterth. Ver. XII. S. 13. Gera 1837.

Dieffenbach, Ph., Ueber Reste römischer Bauten bei Hanau.
— Grossh. hess. Ztg., abgedr. in Hanauer Ztg. v. 13. Mai 1845.

Ruhl, Saba, Trenta und Thesa, die altnordischen Nornen. —
Ztschr. hess. Gesch. V. S. 369—375. Kassel 1850.

Steiner, Die römischen Heerstrassen am linken Mainufer und
der Anbau im Rodgau. — Archiv hess. Gesch. I. S. 328
bis 332. Darmstadt 1853.

Landau, G., Blicke in die altgermanischen Zustände. —
Hess. Jahrb. für 1855. S. 201—220. Kassel 1855.

Walther, Ph. A. F., Die Alterthümer der heidnischen Vorzeit innerhalb des Grossh. Hessen nach Ursprung, Gattung
und Oertlichkeit. Mit 1 Karte. Darmstadt 1870.

Kraft, Beitrag zur Geschichte der Römer in der Wetterau. —
Archiv hess. Gesch. XIII. S. 146—154. Darmstadt 1874.

Franck, W., Zur Erforschung der römischen Strassen in
Hessen. Ebenda S. 305—316.

Suchier, R., Die altgermanischen Gräber bei Mittelbuchen.
Mit 1 Taf. — Zeitschr. hess. Gesch. N. F. V. S. 328—359.
Kassel 1874.

Duncker, A., Die römischen Ausgrabungen des Hanauer Gesch.-
Ver. auf der Mainspitze vom 27. bis 29. Sept. 1875. —
Hanauer Zeitung 5. Oct. 1875.

Duncker, A., Ausgrabungen an der Mainspitze bei Hanau. — Bonner Jahrbuch. 58. Bd. S. 212. Bonn 1876.

Duncker, A., Ueber römische Ausgrabungen bei Hanau. — Mittheilungen Frankf. Ver. Gesch. V. Nr. 3, S. 319 f. 1877.

Duncker, A., Zur projektirten Ausgrabung des Darmstädter Geschichtsvereins bei Klein-Steinheim. — Hanauer Zeitung vom 10. Oct. 1879.

Hübner, E., Römisches in Deutschland. — Deutsche Rundschau, Juliheft 1879. S. 116—131.

Kolbe, W., Heidnische Alterthümer in Oberhessen. Mit 1 Tafel. Marburg 1881.

Zöppritz, K., Die Röderburg und der Hof bei Dreihausen. (Mit 1 Taf.) — 2. Jahresber. Oberhess. Ver. f. Lokalgesch. S. 93—99. Giessen 1881.

v. S., Etwaige römische Spuren im Ober-Lahngaue und in Niederhessen, sowie keltische Spielereien. — Hess. Blätter XIV Nr. 863. Melsungen 16. Sept. 1882.

Knoblauch, H., Die Funde in Rauschenberg 1830 u. 1836. — Correspondenzblatt des Gesammtvereins deutscher Gesch.- und Alterthums-Verein. XXXI, Nr. 4, S. 25—26. Darmstadt 1883.

r. Pfister, H., Wuotom u. Fraüa in Hessen. — Hess. Bl. XV, Nr. 929. Melsungen 12. Mai 1883.

Gareis, Römisches und Germanisches in Oberhessen. Mit 1 schemat. Karte und 1 Situationsplane. — 3. Jahresber. Oberhess. Ver. f. Lokalgesch. S. 53—72. Giessen 1883.

Hettner, F., Zur Cultur von Germanien und Gallia belgica. — Westdeutsche Zeitschr. Gesch. und Kunst II, S. 1—26. Trier 1883.

Kofler, F., Die alten befestigten Wege des Hochtaunus und ihr Zusammenhang mit den dort befindl. Ringwällen. — Westdeutsche Zeitschr. Gesch. u. Kunst II. S. 407—420. Mit 2 Taf. Trier 1883.

Junghans, Ueber die Burg zu Rückingen. — Hanauer Anzeiger, Unterhaltungsblatt Nr. 284 u. 287. Hanau 1883. (Referat über diesen Vortrag in Mittheil. Ver. hess. Gesch. S. XXX. Kassel 1883.)

Wolff, G., Mittheilung über die Durchgrabung des kleinen Limeskastells am Neuwirthshaus bei Hanau im März und April 1883. — Corr.-Bl. westdeutscher Zeitschr. Gesch. und Kunst II, Nr. 6, S. 34 etc. Trier 1883.

Wolff, G., Römische Todtenfelder in der Umgegend von Hanau. — Ebenda II, S. 420—427.

r. Cohausen, A., Der römische Grenzwall in Deutschland. Militärische und technische Beschreibung desselben. Mit 52 Folio-Tafeln. Wiesbaden 1884. (Hierin Hessisches S. 32, 40, 46. 50, 286 ff.) Du.

Kofler, F., Ueber den angeblichen Probuswall im Vogelsberg. — Archiv hess. Gesch. XV. S. 678—700. Darmstadt 1884.

Conrady, W., Zur Erforschung des römischen Limes mainabwärts von Miltenberg. Mit Tafel. — Westdeutsche Zeitschr. Gesch. u. Kunst III. S. 266—287. Trier 1884.

Conrady, W., Die Limesstation Niedernberg am Main. — Corr.-Bl. der Westdeutsch. Ztsch. Gesch. u. Kunst. III, 5, Nr. 72. S. 50—57. Trier 1. Mai 1884.

Dahm, Eisenklumpen aus Rückingen. — Ebenda Jahrg. III, 9, S. 109 etc. Trier 1. Sept. 1884.

Suchier, R., Münzen von Bergen bei Frankfurt a. M. — Corr.-Bl. deutsch. Gesch.-Ver. XXXII. Nr. 7, S. 47 etc. Darmstadt 1884.

Lotz, Römische Strassen und Siedelungen in Frankfurts Umgegend. Bei Bergen. Mit 1 Plan. — Corr.-Bl. Gesammtverein deutsch. Gesch.- u. Alterth.-Ver. 82. Jahrg. Nr. 5. S. 29—32. Darmstadt 1884.

Wolff, G., Die Aufdeckung eines Römercastells zu Marköbel bei Hanau. — »Didaskalia« (Frankf. Journal) Nr. 249 u. 251. Frankfurt 1884.

Wolff, G., Die Ausgrabungen des Hanauer Geschichtsvereins am römischen Grenzwall. — Berliner philol. Wochenschrift, herausg. von Belger, Seyffert und Thiemann. IV, Nr. 51 u. 52. Berlin 1884.

Wolff, G., Ueber denselben Gegenstand in Westd. Ztschr. III, S. 174—176. Trier 1884,

Wolff, G. und *Dahm, O.,* Der römische Grenzwall bei Hanau mit den Kastellen zu Rückingen und Marköbel. Mit 4 lith. Tafeln. Hanau 1885. (Auch Progr. Gymn. Hanau 1885.)

Hübner, E., Neue Studien über den römischen Grenzwall in Deutschland. — Jahrb. Ver. von Alterthumsfreunden im Rheinland. LXXX. Bonn 1885. Mit Taf. (Darin Kap. IV: Die Mainlinie und Kap. V: Der Grenzwall zwischen Main und Wetter, S. 56—68, besonders hierher gehörig. Die Arbeit enthält ausserdem sehr viele für die allgem. Geschichte des Limes wichtige Bemerk.) Du.

Ueber römische Ausgrabungen bei Hanau. — Mitthlgn. Ver. hess. Gesch. 1883. S. XXX—XXXV. Kassel 1885.

Duncker, A., Die ehemalige Grenzbefestigung des Römerreiches im heutigen preuss. Reg.-Bez. Kassel. — Kasseler

Allgem. Zeitg. 1885, Nr. 176. 177. 179. 180. 184. Kassel
25. Juni bis 3. Juli 1885. Du.

r. Rössler, G., Das Römerbad in Rückingen bei Hanau. Ein
Reconstructionsversuch. — Westdeutsche Ztschr. f. Gesch.
u. Kunst IV, S. 353—357. Trier 1885. Du.

Haupt, H., Der römische Grenzwall in Deutschland nach den
neueren Forschungen mit besonderer Berücks. Unterfrankens.
Mit 1 Karte. Würzburg 1885. (Auch in Archiv histor. Ver.
Unterfrankens und Aschaffenb. XXVIII. S. 175 -226, Würzburg 1885.

E. K. (Tübingen), Die militärische Bedeutung des römischen
Grenzwalles. Eine strategische Skizze. — Allgem. Zeitung.
Beilage Nr. 221 u. 222. München 11. u. 12. Aug. 1885.

D(uncker), Die neuesten Ergebnisse der Forschungen über
den Limes Romanus am unteren Main. — Allgem. Zeitung
Beilage Nr. 133, S. 1955. München 14. Mai 1885.

Suchier, R., Weitere römische Münzen und Stempel aus der
Nähe von Hanau. Festgabe etc. — Mittheilungen des
Hanauer Bezirksvereins Nr. 9. Hanau 1885. Mit 4 Taf.
4. Du.

Haug, Der römische Grenzwall in Deutschland. Vortrag.
Mannheim 1885. Du.

Thudichum, F., Der Kampf der Chatten und Hermunduren
um die Salzquellen im Jahre 59 n. Chr. — Allg. Zeitung,
Beilage Nr. 146. München 28. Mai 1885. (Versuch eines
Nachweises, dass es sich in jenem Kampfe um die Salzquellen bei
Neustadt a. d. S. gehandelt habe.)

Duncker, A., Ueber den gegenwärtigen Stand der Limes-
forschung. — Verhandlungen der 38. Versammlung deutscher
Philologen und Schulmänner zu Giessen im October 1885.
S. 42—64. Leipzig 1886.

C. Eigentliche Landeskunde.

Landesbeschreibung und -Geschichte, soweit mit geographischen und
topographischen Verhältnissen in Beziehung.

1. Gesammthessen oder grössere Theile.

Ayrmann, Ch. F., Einleitung zur hessischen Historie der
älteren und mittleren Zeiten. Frankf. u. Leipz. 1732. v. U.

Hartmann, J. A., Historia hassiaca auditorum usibus in com-
pendium redacta. 3 partes. Marburg 1741—46.

Mallet, M., Histoire de Hesse. 4 Tomes. Paris 1764—84.

Haas, C. F. L., Anmerkungen über die Hessische Geschichte

vom Landgraf Heinrich I. an bis auf das Jahr 1434. Frankfurt a. M. 1771.

Tableau des Départements des districts etc. du Royaume de Westphalie. s. l. et a. (Murh. Bibl.)

Meine Wanderungen durch d. Maingegenden etc. im Frühjahr 1810 u. Sommer 1811. Erfurt 1811. (Berührt Hanau u. Fulda)

Hassel, G., und *Murhard, K.*, Westfalen unter Hieronymus Napoleon. 1. Jahrg. 1. u. 2. Bd. Braunschweig 1812.

Rommel, Hessen. Geschichte und Beschreibung. — In Ersch und Gruber, Encyklopädie. II. Section, 7. Theil. S. 164 bis 183. Leipzig 1830. 4.

v. Rommel, Chr., Andeutungen über Hülfsquellen der Landesgeschichte, welche weder zur gedruckten noch ungedruckten Literatur gehören. — Zeitschr. hess. Gesch. l. S. 76 –119. Kassel 1837.

Hoffmeister, J., Historische Entwickelung d. kurhess. Gesammtwappens. — Ztschr. hess. Gesch. IV. S. 1–48. Kassel 1847.

Curtze, L., Geschichte und Beschreibung des Fürstenthums Waldeck. Arolsen 1850. Ei.

Berkenbusch, Ch., Beiträge zur Geographie Kurhessens. Hess. Jahrb. für 1854. S. 201—218. Kassel 1854.

Pröhle, H., Die Fremdherrschaft, Mittheilungen aus der Geschichte des ehemaligen Königr. Westphalen. Leipzig 1858.

Bernhardi, Zur Geschichte des Königreichs Westfalen, aus franz. Quellen. — Zeitschr. hess. Gesch. N. F. II. S. 339 bis 396. Kassel 1869.

Strippelmann, F. G. L., Beiträge zur Geschichte Hessen-Kassels. 2 Hefte. Marburg 1877 u. 1878. Wstr.

Bilder aus der Heimathskunde der Provinz Hessen-Nassau. Mit Karte. Königsberg 1882.

Scherer, H., Geographie und Statistik des Grossherzogthums Hessen. Giessen 1883.

v. L'Estocq, M., Hessische Landes- und Städtewappen. Mit 8 Tafeln in Farbendruck. Kassel 1884.

Wörner, E. u. Heckmann, M., Orts- u. Landesbefestigungen des Mittelalters mit Rücksicht auf Hessen und die benachbarten Gebiete. Mit Abbild. Mainz 1884.

Hoffmeister, J. C. C., Historische Entwickelung des Kurf. hessischen Gesammtwappens. 2. Ausg. Kassel 1885. Mit 1 Taf. 8. Du.

Wilbrand, J., Zur Geschichte des 7jährigen Kriegs in Oberhessen. — Jahresbericht oberhess. Ver. f. Lokalgeschichte

1884—85. Giessen 1885. S. 9—24. Bemerkungen dazu von
O. Buchner S. 25—34. Du.

Kayser, Zur Gesch. des 30jähr. Kriegs in Oberhessen. —
Jahresber. oberhess. Ver. Lokalgesch. 1884—85. Giessen
1885. S. 1—8. Du.

Duncker, *A.*, Rückblicke auf die Herrschaft des Königs
Jérôme. — Kasseler Allg. Zeitung 1885. Nr. 309, 312—14,
318, 319, 326 (5.—22. Nov.) Du.

Trinius, *A.*, Eine Herbstfahrt zum Rhein. — Nationalzeitung
XXX, Nr. 618 etc. Berlin 12. Nov. etc. 1885. (Berührt in
1 Hersfeld, Fulda und Gelnhausen.)

Gild, *A.*, Heimathskunde von Kassel u. Umgegend. Kassel 1885.

v. Pfister, *H.*, Hessisches Ehrenbüchlein. Kurzer Abriss der
Landeskunde und Geschichte von Hessen. Kassel 1885.

Karten, Pläne Ansichten. Münster's Cosmographey
1560. — Bruin und Hogenberg's Städtebuch 1581. —
Meissner's Thesaurus 1624. — Gottfried's Inventarium
Sueciae. 1632. — (Alle vier enthalten Ansichten von hess. Städten.)

Bertius, *P.*, Commentariorum rerum germanicarum libri tres.
Amstelodami 1616. (Mit Kupferstichen). (Cassel S. 494, Fulda
S. 540, Marburg S. 606.)

Theatrum parvum urbium sive urbium praecipuarum totius
orbis brevis et methodica descriptio. Authore Adriano
Romano E. A. Frankfurt 1595. (Enthält Ansichten der Städte
Kassel, Marburg, Frankenberg, Hanau, Fulda etc.

Ravenstein, Reliefkarte des Grossherzogthums u. Kurfürstenthums Hessen etc. 1 : 900 000. Darmstadt 1847.

Vorschriften für die Messtischarbeiten und die Zeichnungs-
art der topographischen Aufnahme von Kurhessen. Kassel
1850. 6 Hefte. (Bibl. Kriegsschule Kassel.)

Positionsverzeichniss aus der topographischen Aufnahme vom
Kurfürstenthum Hessen. Kassel 1857. (Nicht im Buchhandel
erschienen. In der Bibl. der Kriegsschule Kassel befindlich.)

Deichmann, *L.*, Hessen-Nassau. Relief. 1 : 75 000 . 31 cm :
29 cm. In Sectionen. Kassel 1883. Kl.

Deichmann, *L.*, Fürstenthum Waldeck. Relief 1 : 100 000.
63 cm : 58 cm. Kassel 1883. Kl.

Deichmann, *L.*, Repetitionshandkarte von Hessen-Nassau.
Reliefprägung. 2 Ausgaben : Mit und ohne Situation.
Kassel 1884. Kl.

Ortsentfernungskarte des Reg.-Bez. Kassel. Bearb.
im techn. Büreau des Landes-Direktors. Lith. v. Armann
u. Pillmeier. 1 : 75000. Kassel 1884. (Nachträglich Berichtigungen dazu erschienen.)

Brandrupp, A., Karte der Prov. Hessen-Nassau und des Fürstenth. Waldeck. 1 : 840 000. Glogau 1884.

Kiepert, H., Karte der Rheinprovinz, Westfalen und Hessen. 1 : 750 000. Chromolith. Gr. Fol. Berlin 1885.

2. Einzelne Orte.

Allendorf. *Rempe,* Allendorf bei Sooden. Lith. v. Pietsch. 1840. Fol.

Landau, Allendorf, die Soden und die Burg Westerberg. — Ztschr. hess. Gesch. VIII, S. 377—381. Kassel 1860.

Amöneburg. *Landau, G.,* Das Steigfest zu Amöneburg. — Zeitschr. hess. Gesch. V, S. 92—93. Kassel 1850.

Biedenkopf. *Bork,* Streifzüge durch den Kreis Biedenkopf und seine Nachbarschaft. Marburg 1884. Wd.

Bockenheim. *Böhler,* Bockenheim bei Frankfurt a. M. Gest. v. Umbach. ca. 1840.

Breitenau. *Stock, W.,* Die Benediktiner-Kloster-Kirche zu Breitenau mit 7 Holzschn. u. 3 Taf. — In »Die mittelalterl. Baudenkmäler Niedersachsens«. Herausg. v. Arch.- u. Ing.-Ver. Hannover. 1. Bd. S. 118—127. Hannover 1861.

Breitungen. *Köstler, K.,* Ist das Bredingen Lamberts Breidenbach oder Breitungen? Ein Beitrag zur Geschichte Kaiser Heinrichs IV. — Forschungen zur Deutschen Geschichte XXV, S. 562—570. Göttingen 1885. Du.

Burghaun. Ansicht des Ortes mit Kirche. Gez. v. Köhler, gest. v. Schnitzler 12.

Eschwege mit dem **Meissner.**

Rüstmeister, Abriss vom Meissner u. dero Allendorfische Salz-Sooden zugehörige Soodberge, mit der Situation und Grenzdistrikt des Gericht Beilstein, Ludwigstein und der Stadt Allendorf gemessen und zu Karte gebracht im Jahre 1724—25.

Die Grafen von Bilstein an der Werra (aus H. B. Wencks Nachlasse). — Archiv hess. Gesch. IV, 2. Heft, S. 1—11. Darmstadt 1845.

Schmincke, Geschichte des Cyriakusstifts zu Eschwege. — Ztschr. hess. Gesch. IV, S. 217—261. Kassel 1854.

Eberth, K., Aussicht von der Kalbe auf dem Meissner in Hessen. Druck von Israel in Wanfried 1884.

Fischbeck. *Tornow, P.,* Die Klosterkirche zu Fischbeck an der Weser. Mit 3 Taf. — Mittelalt. Baudenkm. Niedersachsens. 3. Bd. S. 82—88. Hannover 1883.

Friedewald. Eroberung des Schlosses Friedewald. — Spangenberg, Neues vaterl. Archiv II, S. 30. 1832.

Fritzlar. Quatuor praesentiarum ecclesiae quondam colle-
giatae Fritzlariensis de annis circiter 1340, 1360, 1390 et
1450. — Ztschr. Ver. hess. Gesch. N. F. 2. Suppl. 1869 4.

Weber, Der ehemalige Stiftshof auf dem Friedhofe in Fritzlar.
— Zeitschr. hess. Gesch. IV, S. 229—325. Kassel 1873.
Bemerkungen dazu von G. Schenk zu Schweinsberg ebenda
V, S. 208. 1874.

Weber, Ueber die Wüstung Berninghausen (unweit Fritzlar).
— Zeitschr. hess. Gesch. N. F. VI, S. 350—359. Kassel 1877.

Fulda. *Schannat, J. F.,* Fuldischer Lehnhof. Francofurti
ad M. 1726. Fol.

Schneider, J., Versuch einer Topographie der Residenzstadt
Fulda u. ihrer zunächstliegenden Gegend. Marburg 1807.

Kindlinger, N., Katalog und kurze Nachrichten von der ehe-
maligen aus lauter Manuscripten bestehenden Bibliothek in
Fulda. Frankfurt a. M. 1812. ϱα. (Vergl. hierzu K. Roth,
Kleine Beiträge VII. Heft, S. 62—65. München 1852.)

Schneider, J., Beschreibung der historischen Gemälde im
Speisesaale des vormaligen adeligen Conventes. — Buchonia
IV. S. 60—78. Fulda 1829.

Schlereth, F. B., Reliefbildnisse von Karlmann, Pipin und
Karl d. Gr. in Fulda. Mit 3 Abb. — Ztschr. hess. Gesch.
III, S. 363—370. Kassel 1843.

Dieffenbach, Ph., Ueber mittelalterliche Taufsteine, insbes. in
der Provinz Oberhessen. — Archiv hess. Gesch. VI, S.
225—243. Darmstadt 1849. (Nimmt auch auf Fulda Bezug).

Roth, K., Beschreibung des Gaues Grabfeld mit Fulda und
der Rhön. — In des Verf. Kleinen Beiträgen zur deutsch.
Sprach-, Gesch.- und Ortsforschung. 1. Heft, S. 9—31.
München 1850.

Roth, K., Büchischer Feldzug. — In des Verf. Kleinen Beitr.
zur deutschen Sprach- etc. Forschung. III. Heft. München
1851. S. 103—126. (Beh. Flieden, Rückers, Schweben, Neuhof,
Neustadt, Ellers, Opperz, Dorfborn, Tiefengruben, Kerzell, Löschenrod,
Bronzell, Kohlhaus, Fulda, Marbach, Hünfeld und die Namen der um-
liegenden kleinen Dörfer.)

Fuldaer, nicht Fuldenser. — *K. Roth,* Kleine Beiträge zur
deutschen Sprach- etc. Forschung. IV. Heft. S. 154—156.
München 1851.

Roth, K., Ueber den Flussnamen Fulda. — In des Verf. Kl.
Beiträgen IV. S. 170. München 1851.

Dronke, E. F. J., Traditiones et antiquitates Fuldenses. Fulda
1844. 4. (Vergl. darüber u. dazu K. Roth, Kl. Beiträge, VII. Heft.
S. 51 f. München 1852).

Roth, K., Geschichte Buchens. — In des Verf. Kl. Beitr. VII. Heft, S. 53—100. München 1852.

Roth, K., Verpfändung büchischer Aemter. — In des Verf. Kleinen Beitr. etc. VI. Heft. S. 37—46. München 1852.

Klüpfel, Das Kloster Fulda. — Herzog's Realencykl. f. protest. Theol. 4 Bd. S. 624—626. Stuttgart 1855.

Schwartz, K., Bemerkungen zu Eigils Nachrichten über die Gründung und Urgeschichte des Klosters Fulda. — Progr. Gymn. Fulda zur 100jähr. Hrabanusfeier. 1856.

Gegenbaur, J., Eine Fuldaer Chronik aus der ersten Hälfte des 17. Jahrhunderts von Gangolf Hartung. — Programm Gymn. Fulda 1863.

Gegenbaur, J., Das Grab des Königs Konrad I. in der Basilika zu Fulda. — Progr. Gymn. Fulda 1881. 4.

Abée, V., Beiträge zur Geschichte des Abtes Markward I. v. Fulda. I. Grapfeld. — Progr. Realprogymn. Viersen. 1885. 4⁰. Du.

Ueber die Quellen der Geschichte des Klosters zu Fulda vergl. Wattenbach, Deutschlands Geschichtsquellen im Mittelalter bis zur Mitte des 13. Jahrh. I. Bd. S. 216—225. 5. Aufl. Berlin 1885. und II. Bd. S. 484. 5. Aufl. 1886.

Hillebrand, Plan von Fulda mit Umgebung. 1:2800. 1819. (Bibl. Kriegsschule Kassel).

Steele u. v. *Todenwarth*, Plan von Fulda und Umgegend. 1:10000. 1832. (Bibl. Kriegsschule Kassel).

Gelnhausen. *Steiner, J. W. C.*, Geschichte u. Topographie des Freigerichts Wildmundsheim vor dem Berge oder Freigerichts Alzenau bei Gelnhausen. Aschaffenburg 1820.

Schlereth, F. B., Die Grafen von Gelnhausen und deren Stammburg. — Ztschr. hess. Gesch. IV. S. 184—192. Kassel 1847.

Schöffer, C. H., Vortrag über Geschichte der Stadt Gelnhausen. Gelnhausen 1871.

Müller, L., Geschichte der Kaiserburg in Gelnhausen. (Mit Photogr. d. Burg.) Kassel 1874.

Stricker W., Schilderung eines Ausflugs des Vereins für Geschichte zu Frankfurt am 31. Juli 1868 nach Gelnhausen. — Mittheilungen des Frankf. Ver. Gesch. Bd. IV, S. 15.

Schöffer, Die Alterthümer der freien Reichs- und Kaiserstadt Gelnhausen. Zeitschr. hess. Gesch. V, S. 160—174. Kassel 1874.

Junghans, Eine Urkunde, die Geschichte Gelnhausens betr. — Zeitschr. hess. Gesch. N. F. VI, S. 345—349. Kassel 1877.

St., Die romanischen Gebäude zu Gelnhausen und das Reis-Denkmal daselbst. (Mit Abb.) — Leipz. Illustr. Zeitung. Nr. 2214. S. 590—92, Leipzig 5. Dez. 1885.

Germerode. *Schmincke,* Geschichte des Klosters Germerode nach urk. Quellen. — Ztschr. hess. Gesch. VII, S. 1—27. Kassel 1858.

Grossalmerode. *Heppe, H. L. J.,* Grossalmerode. — Ersch. u. Gruber. Allg. Encykl. Sect. I. Bd. 92. S. 263—276. Leipzig 1872.

Gudensberg. *Landau, G.,* Die Karlskirche. — Ztschr. hess. Gesch. II. S. 281—286. Kassel 1840.

Ueber den Odenberg bei Gudensberg. — Althessischer Volkskalender. Melsungen 1882. Pi.

Haina. Ueber den Verkauf von Gütern zu Rode bei Geln-hausen an das Kloster Haina. — Archiv hess. Gesch. I. S. 411. Darmstadt 1835.

Falckenheiner, Gütererwerbungen des Klosters Haina während der ersten Hälfte des 13. Jahrh. — Ztsch. hess. Gesch. III. S. 40—104. Kassel 1843.

Hanau. *Schlereth,* Geschichts-Umrisse der Provinz Hanau. Hanau 1839.

Das Schloss und Dorf Rumpenheim. Hanau 1839.

Schlereth, F. B., Ueber den Uranfang und Ursitz der Dynasten von Hanau, Buchen und Dorfelden. — Zeitschrift hess. Gesch. III. S. 371—384. Kassel 1843.

Schlereth, F. B., Das Hanauische Freigericht. — Zeitschrift hess. Gesch. V. S. 343—368. Kassel 1850.

Calaminus, Geschichte des Hospitals zum heil. Geist in der Altstadt Hanau. — Ztschr. hess. Gesch. X. S. 299—360. Kassel 1865.

Suchier, R., Die Grabmonumente und Särge der in Hanau bestatteten Personen aus den Häusern Hanau und Hessen. — Progr. Gymn. Hanau 1879. 4.

Neumüller, L., Hanauer Zustände vor 150 Jahren (1727 bis 1732). — Mitth. Hanauer Bez.-Ver. Nr. 6. S. 161—181. Hanau 1880.

Noll, F. W., Zur älteren Geschichte des Hospitals der Altstadt Hanau bis zum Jahre 1630. — Mittheilungen Ver. hess. Gesch. 1883. S. LXV—LXX. Kassel 1883.

Rullmann, J., Auszüge aus dem Gemeinde-Protokoll zu Kesselstadt. — Hanauer Anzeiger, Unterhaltungsblatt Nr. 190. Hanau 1883.

Rullmann, Grenzberichtigung zwischen der Altstadt Hanau und der Gemeinde Kesselstadt im J. 1658. Ebda. Nr. 191.

Suchier, Die Umgebung der Stadt Hanau vor 400 Jahren. — Mitth. Ver. hess. Gesch. Kassel 1884. S. XCII—XCIII. (Kurzes Ref. über einen Vortrag.)

Müller, Plan von Hanau. 1 : 8750. 1780. (Bibl. Kriegsschule Kassel.)

Wollweber, V., Karte des Kreises Hanau 1 : 200 000. Hanau 1883.

Hanstein. *r. Hanstein*, Urkundliche Geschichte des Geschlechts der von Hanstein. 2 Thle. Kassel 1856—57.

Haselstein. *(Weidenmüller, K)*, Der Haselstein u. Olmenstein. — Hess. Beobachter Nr. 148 u. 149. Fulda 1877. Wd.

Hasungen. Verzeichniss der Güter, welche das Kloster Hasungen in Thüringen besass. — Archiv für Gesch. und Alterth. Westphalens. VI. 2. S. 278. Münster.

Stock, W., Die Ruine der Kirche des ehemaligen Benediktiner-Klosters zu Burghasungen. Mit 1 Taf. — In »Die mittelalterl. Baudenkmäler Niedersachsens.« 1. Bd. S. 130—132. Hannover 1861.

W. B., Das Kloster Burghasungen. — Kasseler Tagespost Nr. 6178, 22. Februar 1880.

Heiligenberg. *F.*, Der Heiligenberg bei Felsberg. — Hess. Morgenzeitung Nr. 12969, Kassel 8. Sept. 1885.

Hersfeld. *Ledderhose, C. W.*, De nexu dioecesano Abbatiae Hersfeld. ecclesiisque patronat. iure ad eandem Abbatiam olim spect. Marburg 1771.

Ledderhose, C. W., Jur. Hassiae princip. in Abbatiam Hersf. Marburg 1786.

1807. Ling v. Lingenfeld. — Hebel's Schatzkästlein. S. 143. Tübingen 1811.

Piderit, J. C. Th., De Lamberto Schafnaburgensi, monacho Hersfeldensi — — comment. Gymn.-Progr. Hersfeld 1828.

Rommel, Hersfeld. — Ersch u. Gruber, Allg. Encyklopädie, 2. Section, VII. Thl. S. 45—54. Leipzig 1830.

Verpachtungen und Verkäufe seitens des Klosters Hersfeld. Archiv hess. Gesch. I. S. 306. Darmstadt 1837.

Pfaff, J. G., Herolf und die Sendboten oder die Gründung Hersfelds. Kassel 1864. (Dichtung.)

Die Hersfelder Lullustage. — Hess. Blätter Nr. 370, Melsungen 3. Nov. 1876.

Ein Besuch in der Hersfelder Stiftsruine. — Hess. Bl. X. Nr. 421. Melsungen 8. Mai 1878.

Ueber die Quellen der Geschichte des Klosters zu Hersfeld vergl. Wattenbach, Deutschlands Geschichtsquellen im

Mittelalter bis zur Mitte des 13. Jahrh. I. Bd. S. 225 bis
229. 5. Aufl. Berlin 1885 u. II. Bd. S. 87—99 u. S. 484.
5. Aufl. Berlin 1886.

Jestädt. *Schmincke, J.,* Das ehemalige Gericht Jestädt. —
Ztschr. hess. Gesch. X. S. 1—38. Kassel 1865.

Karlshafen an der Weser. Mit Originalzeichnung von
Dr. Rob. Geissler. — Buch f. Alle 1885, Heft 11 S. 244 u. 247.

Kassel. *Casparson,* Flüchtige Gedanken über den jetzigen
Nahrungsstand der Residenzstadt Kassel. (Kassel) 1791.
(Murh. Bibl.)

Ruhl, F. J., Architectonische Entwürfe theils ausgeführter,
theils zur Ausführung bestimmter Gebäude. Das Stände-
haus zu Kassel. 2 Bde. Kassel s. a.

Bernhardi, K., Kassel um's Jahr 1580. Eine kulturhistorische
Skizze. — Hess. Jahrbuch für 1855, S. 3—44. Kassel 1855.

Hoffmann von Fallersleben, Kasseler Namenbüchlein, Ein-
wohner und Namen der Stadt Kassel. 1863.

Hahndorf, S., Die Kasseler Schützen v.1559—1865. Kassel 1865.

Hahndorf, S., Was die Karlsaue erzählt. Eine geschichtliche
Darstellung der in und mit derselben in Verbindung
stehenden Ereignisse von der Zeit ihrer Entstehung (1308)
bis auf die gegenwärtige Zeit. Kassel 1870.

Schwarzkopf, K., Das Ahnaberger Kloster. Tagespost. Nr.
6248—53. Kassel 4. Mai bis 10. Mai 1880.

Wissemann, Ueber die St. Martinskirche zu Kassel. (Ref.
über einen Vortrag). — Mittheilungen Ver. hess. Gesch.
1883. S. VIII—X. Kassel 1883.

Brunner, H., Kassel im siebenjährigen Kriege. Ein Beitrag
zur Geschichte der Stadt. Kassel 1884.

Bähr, O., Eine deutsche Stadt vor 60 Jahren. Kulturgesch.
Skizze. Leipzig 1884. (Die Stadt in Rede ist Kassel.)

Nebelthau, Die ältesten Gebäude Kassels. Kassel 1884.

Neuber, Zur Geschichte des Renthofes. — Mitth. Ver. hess.
Gesch. Kassel 1884. S. L—LIV. (Ref. über einen Vortrag.)

W. S., Die Gnadengasse. Eine Rückerinnerung. -- Kasseler
Tageblatt und Anzeiger 21. Mai 1885.

R. — L., Aus dem alten Kassel. Der Altstädter Marktplatz
vor 60 Jahren. — Kasseler Zeitung 23.—26. Juni 1885.

Sehenswürdigkeiten. Die Feier des Bohnenfestes, ein
Gemälde von J. van Steen. Kassel 1842. (Eine kleine, in der
Murh. Bibl. befindliche Schrift.)

Bohné J. J., Uebersicht der im Museum zu Kassel befind-
lichen wichtigsten Antiken. Zur Erinnerung an die Ver-

sammlung vom 2.—5. Oct. 1843, den Philologen etc. dargebracht. Kassel 1843. (Murh. Bibl.)

Katzenstein, L., Die Bildergallerie im Schlosse Bellevue zu Kassel. Kassel 1866.

Pläne und Ansichten. Abriess undt Verzeichüs des Ahnenberges undt Wilhelmberges, Wie auch des newen anvevangenen Aussenwercks darvor. Am 31. Le Marty. Anno 1623. (Copie in der Murh. Bibl.)

Kassel im Jahr 1640. 26 : 13. (Phototypie in der Murh. Bibl.)

Ansicht von Kassel. (Um 1720) (Murh. Bibl.)

Plan der Hochfürstl. Residenz und Hauptstadt Kassel in Niederhessen. Herausg. v. den Kananischen Erben. 1742. (Bibl. der Kriegsschule zu Kassel.)

Karten der Oberneustadt, Obergemeinde und Niedergemeinde, Altstadt, Unterneustadt, Leipziger Vorstadt v. Jahre 1767. (Handzeichnungen in der Murh. Bibl.)

Selig, Situationsplan von der Festung Kassel in dem Zustande anno 1768 vor der Demolirung. (Bibl.KriegsschuleKassel.)

Plan von der Festung Kassel in dem Zustande anno 1768 vor der Demolirung aufg. von Selig 1784. (Handzeichnung in der Murh. Bibl.)

Ansicht von Kassel. s. a. 12½ cm : 8½ cm. (Murh. Bibl.)

Plan der Gegend vor dem Weserthor. (Handzeichnung in der Murh. Bibl.)

Plan der Hauptstadt Kassel, gez. v. Hock 1 : 10000. (Um 1820.) (Handzeichnung in der Murh. Bibl.)

Plan der Residenzstadt Kassel. (1828) gr. 4. (Murh. Bibl.)

Frank, G., Ansicht von Kassel. Leipzig s. a. Arnold. 75 cm : 50 cm. (Murh. Bibl.)

Ansicht der Residenzstadt Kassel. s. l. et a. 30 : 22. (um 1828). (Ebenda.)

Plan der Gegend von Kassel. Vom Kurf. Hess. Generalstabe bearb. 1 : 12500 12 Sektionen. 1835—1849. (In vielen Exemplaren in der Bibl. Kriegsschule Kassel.)

Derselbe 1 : 25000. 4 Sectionen. 1835—1840. (Ebenda in 17 Exemplaren.)

Topographischer Plan der Umgegend von Kassel, vom K. Hess. Generalst. 1 : 25000. 4 Sect. 1857. (Ebda in 8 Exempl.)

Erinnerung an Kassel s. a. Kassel, G. Franke, n. Ponnaz (ca. 1850). (Murh. Bibl.)

Gegend von Kassel in Horizontalen. Vom Kurf. Hessischen Generalst. 1 : 12500. 12 Sekt. 1856 (Ebda. in 21 Exempl.)

Neumann, W., Plan von Kassel im J. 1878 Leipzig. s. a. v. Bomsdorf. (2 verschiedene Abzüge in der Murh. Bibl.)

Kassel im J. 1882. 35 : 28. Kassel 1882.
Eine grosse Sammlung von Zeichnungen, Stichen etc. Betr.
die einzelnen Theile der Wilhelmshöher Wasserwerke etc.
(Murh. Bibl.)
Kassel und **Umgegend**, namentlich **Wilhelmshöhe**.
Kassel und die umliegende Gegend. Eine Skizze für Reisende.
Neue Aufl. Kassel 1825.
Führer, neuester, durch Kassel, Wilhelmshöhe und Umgegend
mit Plänen der Stadt Kassel, Wilhelmshöhe und Habichts-
wald. 7. Aufl. Kassel 1884.
Wilhelmsthal bei Kassel. Skizze von F. Wernick. —
Danziger Zeitung vom 10. Aug. 1884, abgedruckt in der
Hessischen Morgenzeitung am 13. Aug. 1884.
R-L., Mittheilungen über einige vom Landgraf Wilhelm IX.
auf Wilhelmshöhe ausgeführte und von Kurfürst Wilhelm
II. dort geplante Bauten. — Kasseler Zeitung Nr. 208 u.
210. Kassel 30. Juli u. 1 August 1885.
Knackfuss, H, Schloss Wilhelmsthal bei Kassel, eine Perle
des Rokoko. Mit 10 Abb. — Daheim XXI, Nr. 46, S. 728—
733. Leipzig 1885.
Justi, K., Die Reiterstatuette Karl Emanuels von Savoyen
auf der Löwenburg bei Kassel. Mit Kopf dieser Statuette,
Lichtdruck nach einer Zeichnung von Ferd. Justi. —
Lützow's Zeitschr. bild. Kunst. XXI. Heft 5. Leipzig 1886.
Karten, Ansichten, Pläne. 12 Ansichten von Wilhelms-
höhe nach Kobold jun., gest. von F. Schroeder. ca. 1800.
querfolio.
Teufelsmauer bei Elgershausen. Photographie in Cabinet-
format. Kassel, Deichmann. Kl.
Deichmann, L., Panorama von Kassel und Umgegend, vom
Aussichtsthurm auf Belvedère nach der Natur gezeichnet.
Kassel 1884.
Brandrupp, A., Karte der Umgegend von Kassel. 1 : 110000.
Glogau, Flemming 1884.
Habenicht, H., Heimatskarten. Erweiterte Blätter. Nr. 33:
Bezirk Kassel. Chromolith. Gotha 1884. Fol.
Deichmann, L., Panorama von Kassel und Umgebung, nach
der Natur gez. 160 cm. : 12 cm. Kassel 1884. Kl.
Panorama aus der Herkulespyramide auf Wilhelmshöhe.
Chromolithographie von L. Deichmann. 2 Blatt. 78 cm : 21
cm. Kassel 1885.
Hessler, K., Karte der Umgegend von Kassel. 1 : 150000.
Kassel 1885.

Kaufungen. Ueber Kaufungens Alterthum. — Hess. Bl. XIII
Nr. 791. 31. Dez. 1881.

Maden. *Schenk zu Schweinsberg, G.*, Die Grafschaftsgerichtsstätten Maden und Rucheslo. -Diss. Giessen 1871.
Schenk zu Schweinsberg, G., Die Grafschaftsgerichtsstätten
Maden und Rucheslo. — Zeitschr. hess. Gesch. V, S. 210
—226. Kassel 1874.

Marburg. *Schmitt*, Die Besitznahme von Marburg durch
die Hessen-Darmstädtischen Beamten im März 1624. —
Ztschr. hess. Gesch. IV S. 193—229. Kassel 1847.
Koch, A., Marburgs Vergangenheit u. Gegenwart. Marburg 1862.
Lotz, W., Zur Geschichte der Pfarrkirche St. Maria in Mar-
burg. — Zeitschr. hess. Gesch. N. F. III S. 341—350.
Kassel 1871.
Heusinger, C. F., Geschichte des Hospitals St. Elisabeth in
Marburg nebst Bemerkungen über die Schicksale der Ge-
beine Elisabeths und über Wunderheilungen im Allgem. —
Schriften Ges. Bef. ges. Naturw. Marburg IX S. 69—150.
Marburg 1872. Wstr.
Hoffmeister, J., Beitrag zur Geschichte der Grabdenkmäler
in der Elisabethkirche zu Marburg. — Zeitschr. hess. Gesch.
V, S. 288—292. Kassel 1874.
Bücking, W., Beiträge zur Geschichte der Stadt Marburg.
Marburg 1875.
Kolbe, W., Der Christenberg im Burgwalde. Vortrag. Mar-
burg 1879.
Kolbe, W., Marburg und der 7jährige Krieg. Ein Vortrag.
Marburg 1880. Wstr.
Kolbe, W., Die Hunburg in der Ginselau an der Ohm. Mar-
burg 1882.
Kolbe, W., Die Erbauung der Elisabethkirche zu Marburg.
Zur Erinnerung an die 6. Seculärfeier ihrer Einweihung
am 1. Mai 1883. Marburg 1883.
Bickell, L., Zur Erinnerung an die Elisabethkirche zu Marburg
zu ihrer 6. Seculärfeier etc. Mit Holzschnitten. Marb. 1883.
Warnecke, F., Die mittelalterlichen heraldischen Kampfschilde
in der St. Elisabethkirche zu Marburg. Mit 20 Tafeln.
Berlin 1884.
Schenk zu Schweinsberg, G., Das Alter der Stadt Marburg.
— Arch. hess. Gesch. XV S. 701—704. Darmstadt 1885.

Melsungen. *Schwarzkopf, K.*, Melsunger Bürgerleben zur
Zeit des 7jährigen Krieges. — Hess. Bl. XIII. Nr. 717 bis
720. Melsungen 6. April bis 15. April 1881.
c. L'Estocq, M., Wie sich Siegel und Wappen durch Zufall
und Missverständniss ändern. — Deutscher Herold, Ztschr.

4

f. Heraldik etc. XV, 1. S. 6—8. Berlin 1884. (Betr. Stadt-
wappen von *Melsungen*.)

Nauheim. *Rommel*, Urkundliche Nachrichten über die ältesten
territorialen u. kirchlichen Verhältnisse des zur Stadt er-
hobenen Dorfes und der Saline Nauheim. — Ztschr. hess.
Gesch. VII S. 28—35. Kassel 1858.

Olmenstein. *W(eidenmüller)*., Noch einmal der Olmenstein.
— Fuldaer Kreisblatt Nr. 103, Fulda, 24. Dezember 1877
Wd. Vergl. auch **Haselstein.**

Naumburg. *Schmidt, J. E. C.*, Zur Geschichte des Klosters
Naumburg in der Wetterau. — Archiv. hess. Gesch. I S.
213—218. Darmstadt. 1835.

Das **Rhöngebirge**. Ueber die Salzburg. — Unterfränk.
Archiv VIII, 2, S. 135. Würzburg 1844 und Untermain-
kreisarchiv I,3; S. 142; II, 1, S. 190 u. 192. Würzb. 1831 u. 32.

v. Heeringen, Wanderungen durch Franken. — Sektion VII
des »malerischen u. romantischen Deutschl.« Lpz. 1839—40.

Bayern das Königreich, in seinen alterthümlichen, geschichtlichen, artistischen und malerischen Schönheiten, enth. eine
Reihe von Stahlstichen der interess. Gegenden, Städte,
Kirchen, Klöster etc. mit begl. Texte. 3 Bde. München
1843—54.

Ueber die Zustände in der Rhöngegend. Würzburg 1859.

Benkard, Der Kaiserpalast Salz in Franken. — Archiv f.
Frankfurts Gesch.u.Kunst N.F.I, S. 47—57. Frankf. a.M.1860.
(Ist nur eine Ueberarbeitung von Eckharts und Gutenäcker's Schrift
im Archiv des historischen Vereins von Unterfranken. VII. Heft 2,
S. 135.)

Fuchs, Führer in und nach Kissingen, Bocklet und Brückenau.
Würzburg 1866.

X. (Weidenmüller), Eine Rhönfahrt. — Hessischer Beobachter.
Januar 1875. (Sieben Nummern). Fulda. Wd.

Stöger, M., Der fränkische Saalgau. — Jahresbericht der Realschule in Kissingen. 1882.

Spiess, H., Das Grabfeld. Eine topographisch-kulturhistorische
Skizze. — Zeitschr. für Preuss. Gesch. u. Landeskunde. 1883,
S. 304.

R., Durch die Rhön. — Weserzeitung, Nr. 13525 u. 13527.
Bremen 22. u. 24. August 1884.

Woerl, Führer durch Bad Kissingen und Umgegend. Mit
1 Plan der Stadt, 1 Karte der Umgebung u. 1 Eisenbahn-
karte 3. Aufl. Würzburg 1885. 16.

Taube, die hohe Rhön. Eine Reiseskizze. Gartenlaube Nr.
35, S. 568—570. Lpzg. 1885. (Mit Bild).

Neumann, B., Prospekt der Stadt Kissingen und dabey gelegene Gesundheitsbrunnen. Um 1760. (Kartographische und perspektivische Darstellung von Stadt und Umgebung).

Umgebung der Kurorte Kissingen Brückenau und Bocklet. Gest. von Löhle. 1 : 200000. München 1837.

Kissingen mit seiner Umgebung. Vom topographischen Bureau des k. bayr. Generalquartiermeisterstabes bearb. 1 : 250000. München 1841.

Kirchner, Kissingen mit seiner Umgebung. Lith. Fol. Stuttgart 1842.

Die Umgebungen der Kurorte Kissingen, Brückenau und Bocklet. Mit 12 Randans. Gest. v. J. Lochle. München. 1843.

Karte der Umgegend von Kissingen. Lith. Frankfurt a. M. 1850.

Uebersichtskarte der Polizeibezirke Hilders, Bischofsheim, Brückenau und Weyhers, Gemünden, Lohr und Orb. 1 : 100 000. 1866.

Deichmann, L., Vorder- und Hohe Rhön. Relief 1 : 75000, 83 cm. : 57 cm. Kassel 1883.

Weng, L., Kreiskarten von Bayern. Red. der grossen Generalstabskarten. 1 : 200000. Nr. 8. Unterfranken und Aschaffenburg. Würzburg 1885. Gr. Fol.

Weng, L., Landgerichtskarten von Bayern. Red. der grossen Generalstabsk. 1 : 200000. Blatt 9 : Schweinfurt, Touristenkarte der Umgegend von Kissingen, des Rhöngebirgs und Steigerwalds. Ebenda 1885. Fol.

Rosenthal. *v. K., K.*, Wann und von wem ist die kurhessische Stadt Rosenthal erbaut worden. — Hess. Blätt. XIII, Nr. 693, Melsungen 12. Januar 1881.

Salzschlirf. (Schlitz). *Schneider, J.*, Kurze alterthümliche Mittheilungen über Schlitz, Lauterbach und Herbstein. — Archiv hess. Gesch. I und II. Darmstadt 1840. 1841.

Roth, K., Ortsforschung. — In d. Verf. Kl. Beitr. IX. Heft. S. 181 etc. u. 246. München 1853. (Handelt v. Schlirf. Schlitz. Salzschlirf).

Schaumburg. *Dollens, C. A.*, Geschichte der Grafschaft Schaumburg. Stadthagen 1756. v. U.

Paulus, J. C., Geschichte des Möllenbecker Klosters von seiner Stiftung bis auf die gegenwärt. Zt. Rinteln 1784. v. U.

Paulus, J. C., Nachrichten von allen Hessen-Schaumburgischen Superintendenten, Kirchen etc. Kassel 1786. v. U.

Busch, Kurze gesch. Darstellung der Herrschaft Schaumburg, mit Anmerk. von Vogel. — Ann. Ver. nassauische Alterth. I, 2, S. 96. Wiesbaden 1827.

Notizen wegen der Urkunden des ehemaligen Klosters Möllenbeck. — Westfäl. Archiv III, 1, S. 114. Lemgo 1828.

Wippermann, *C. W.*, Regesta Schaumburgensia. Die gedruckten Urkunden der Grafsch. Sch. Auch Suppl. Ztschr. hess. Gesch. Nr. V. Kassel 1853.

Mooyer, *E. F.*, Geschichtliche Mittheilungen über das Duhlaholz im Schaumburgischen. — Ztschr. hess. Gesch. VI. S. 262—291. Kassel 1854.

Wippermann, *C. W.*, Urkundenbuch des Stifts Obernkirchen in der Grafschaft Schaumbg. Rinteln 1855.

Fricke, *W.*, Der Teutoburgerwald, das Wesergebirge etc. Führer durch das nordöstliche Westfalen, umfassend die Gebiete zwischen Bielefeld, Osnabrück, Höxter u. Minden, Steinhuder Meer u. Hannover. Mit Karte u. Plan. Bielef.1884.

Görges, Wegweiser durch das Wesergebiet von Münden bis Minden nebst Teutoburger Wald etc. 4. Aufl. mit erl. Karte. Hameln 1884

Thorbecke, *H.*, Reisehandbuch für den Teutoburger Wald etc. und das Wesergebiet. Mit 1 Karte u. 3 Ansichten. 3. Aufl. Detmold 1884.

Bennefeld, *L.*, Topographische Karte der kurhess. Provinz Grafsch. Schaumburg. 1 : 160000. (Bibl. Kriegssch. Kassel.)

Dunker, *W.*, Spezialkarte der Grafschaft Schaumburg. 2 Bl. (Bibl. Generalkomm. Kassel.)

Lessmann, Touristenkarte für den Teutoburger Wald und das Wesergebirge. 1 : 240000. Bielefeld 1884.

Schlüchtern. *Rullmann*, *J.*, Geschichte der Freih. v. Trimberg, ehemal. Schutzherrschaft über das Kloster Schlüchtern. — Mitthl. Hanauer Bezirksver. für hess. Gesch. Nr. 6, S. 1—22. Hanau 1860.

Rullmann, *J.*, Die Lotichier aus Schlüchtern. — Mitthlgn. Hanauer Bez. Ver. Nr. 5. S. 107—136. Hanau 1876.

Rullmann, *J.*, Die Schutzherrschaft über das Kloster Schlüchtern u. ihre Vortheile u. Nachtheile für dasselbe. — Ztschr. hess. Gesch. N. F. IV, S. 1—16. Kassel 1873.

Rullmann, Nachträge zu d. Beitr. der älteren Geschichte des Klosters Schl. — Ebda. S. 17—27.

Rullmann, Geschichte des Gymnasiums zu Schl. — Ebda. S. 28—93.

Rullmann, Weitere Beiträge zur urkundl. Gesch. d. Kl. Schl. Ebda VI, S. 250—300. 1877.

Schmalkalden. *Geisthirt's* historia Schmalkaldica oder historische Beschreibung der Herrschaft Schmalkalden,

1075—1734. Herausg. v. Henneberg.Geschichtsver. (2 Hefte)
Schmalkalden 1881 u. 1883.

Gerland, O., Ueber die gemeinschaftliche Regierung von Hessen
und Henneberg in der Herrschaft Schmalkalden. — Ztschr.
1. Heft. S. 48—50. Schmalkalden 1875.

Gerland, O., Schmalkalden im 7jährigen Krieg. — Ebda.
S. 59—73.

Leimbach, Die Bibliothek im Lutherstübchen zu Schmalkalden.
— Ebda. 1. Heft, S. 6—40.

Gerland, O., Auszug aus einer Chronik von Steinbach-Hallen-
berg. — Zeitschr. Ver. Henneb. Gesch. zu Schmalkalden.
2. Heft. S. 36—49. Schmalkalden u. Leipzig 1877.

Habicht, H., Ein halbes Jahrhundert aus dem Theaterleben
Schmalkaldens. — Ztschr. Ver. Henneb. Gesch. zu Schmalkalden. 3. Heft. S. 3—31. Schm. u Leipz. 1880.

Gerland, O., Geschichte des Brau- und Schankrechts der
Stadt Schmalkalden. — Zeitschr. Ver. Henneb. Gesch. zu
Schmalkalden. 3. Heft S. 59—87. Schm. u. Lpz. 1880.

Schmalkalden und seine Umgebungen. Führer durch
Stadt und Herrschaft Schmalkalden. Schm. 1884.

Pistor, J., Aus Nordwestthüringen. — Aus allen Welttheilen
XIV, S. 321 etc. Lpz. Pi.

Lerp, Geschichte von Kabarz und Tabarz mit dem Inselberge.
2. Aufl. Friedrichroda 1883. 12.

Müllerbach, E., Kleinschmalkalden. — Hess. Morgenzeitung
vom 18. August 1884.

Deichmann, L., Die Inselsberg-Gruppe. Relief 1 : 500000.
84 cm.: 23 cm. Kassel 1883.

Schwalheim. *Hoffmann, C. A.*, Ueber Echzell und die
Fuldische Mark. — Archiv hess. Gesch. VIII S. 407 etc.
Darmstadt 1856.

Schwalm. *L.*, Aus dem Thale der Schwalm. — Hessische
Morgenzeitung 3. August 1885.

Schwarzenfels. *Wolff, G.*, Der Ursprung des Gerichts und
der Burg Schwarzenfels. — Mitth. Hanauer Bezirksver.
hess. Gesch. Nr. 5 S. 45—107. 1876.

Spangenberg. *Siebald, W.*, Chronik von Stadt und Festung
Spangenberg. Melsungen.

Spessart. Zur Geschichte des Spessarts. — Forstliche
Mitth. von k. bayer. Ministerialforstbureau. München 1847.
II und 1862, XI.

Schober, J., Führer im Spessart. Im Auftr. des Ver. für
Spessartfreunde herausg. Würzburg 1884.

Welzbacher, Specialkarte des Spessart. 1: 100000. 4. Aufl. Frankfurt a. M. 1884. Fol.

Völkershausen. *Büff*, Das Kloster Mariengarten (bei Völkershausen) und seine späteren Schicksale. — Zeitschrift hess. Gesch. VI S. 120—144. Kassel 1854.

Weidelsburg. *Schwarzkopf. K.*, Die Weidelsburg in Hessen. Vortrag. — Hess. Bl. XIV. 854—856. Melsungen 14. August — 23. August 1882.

Wetter. *Mahrdt* und *Pfitt*, Nachrichten von der oberhess. Stadt Wetter und denen daraus abstammenden Gelehrten. Frankfurt a. M. 1769.

Wetterau. *Moller*, Ueber das Schloss Münzenberg in der Wetterau. — Archiv hess. Geschichte I, S. 280—284. Darmstadt 1835.

Dieffenbach, Ph., Zur Urgeschichte der Wetterau zugleich als Beitrag zur Alterthumskunde. — Archiv hess. Gesch. Bd. IV 1. Heft. Darmstadt 1845. Auch selbständig ersch. Darmstadt 1843.

Hoffmann, Ueber Echzell und die Fuldische Mark. (Mit Karten). — Archiv hess. Geschichte VIII S. 379—426. Darmstadt 1856.

Calaminus, Das Nidderthal in seinen ältesten geschichtlichen Verhältnissen. — Archiv hess. Gesch. XI S. 1—45. Darmstadt 1867.

Schenk zu Schweinsberg, G., Beiträge zur althessischen Territorialgeschichte. Der Königshof zu Seelheim und das Reichsgut im Oberlahngau. — Archiv hess. Gesch. XIII S. 422—466. Darmstadt 1874.

Ulrici, A., Das Maingebiet in seiner natürlichen Beschaffenheit und deren Rückwirkung auf die Geschichte, namentlich die Besiedelung und Kultur des Mainlandes. Kassel 1885.

Wildungen. *Eichler*, Chronik von Wildungen. (Ein aus 30 Bänden bestehendes Manuscript. z. Z. im Besitze des Sohnes des Verf., Herrn Gymn.-L. Dr. Eichler in Husum.) Ei.

Witzenhausen. *Heppe, H.*, Beitrag zur Geschichte der Kapelle St. Michaelis bei Witzenhausen. — Zeitschr. hess. Gesch. VI. S. 157. Kassel 1854.

Wolfhagen. *Lyncker, K.*, Die Wüstung Schützeberg bei Wolfhagen. Dorf — Geschlecht — Decanat und Kirche. Ein Beitrag zur Geschichte des Klosters Hasungen. — Zeitschr. hess. Gesch. VI. S. 105—120. Kassel. 1854.

Lyncker, K., Geschichte der Stadt Wolfhagen. Zeitschr. hess. Gesch. VI. Supplement. Kassel 1885. v. U.

DRUCKFEHLER. NACHTRÄGE.

S. 4 der Einleitung Z. 7 v. o. lies HINRICHS und KAYSER
statt Hinrich und Kaiser.

Ebenda unten füge hinzu:

10. Steiermark. Dr. A. *Schlossar*, Bibliotheca historico-
geographica Stiriaca. Die Literatur der Steiermark in
historischer, geographischer und ethnographischer Beziehung. (171 S.) Graz 1886.

11. Lippe-Detmold. *Weerth* und *Anemüller*, Lippische
Bibliographie. Programm des Gymnasiums zu Detmold.
1886. 4.

Zu A. 2. a. β füge hinzu: *Carthaus, E.*, Mittheilungen über
die Triasformation in Westfalen und in einigen angrenzenden Gebieten. Mit 1 Profiltaf. in Farb. Inaug.-Diss.
Würzburg 1885.

Zu A. 2. a. γ: *Stadtländer, C.*, Beiträge zur Kenntniss der
am Stempel bei Marburg vorkommenden Mineralien:
Analcim, Natrolith und Phillipsit. — N. Jahrb. Min. II,
2, S. 97—135. Stuttgart 1885.

Zu A. 5. γ: *Bremme*, Die lithamno- und phylloblastischen
Lichenen von Hessen. — Progr. Realschule Oppenheim.
1886. 4.

Zu A. 6. ε: *Sandberger, F.*, Die Mollusken von Unterfranken
diesseits des Spessarts. — Verh. der phys.-medic. Ges.
Würzburg N. F. XIX, Nr. 8. (Auch separat Würzb. 1886.)

Sandberger, F., Die Verbreitung der Mollusken in den einzelnen natürlichen Bezirken Unterfrankens und ihre Beziehungen zu der pleistocänen Fauna. — Ebda. Nr. 9.
(Wie vorher.)

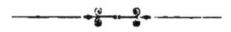

Abgeschlossen am 22. März 1886.

Berichtigungen und Zusätze.

a) Für den 1884 erschienenen Haupttheil*).

S. 19. *Dunker*, Braunkohlenformation von Grossalmerode. Steht auch in Studien bergm. Fr. VI S. 268. Göttingen 1854. Bey.

S. 22. *Koenen*, Ueber das Alter . . . . . Füge hinzu: Referat im Neuen Jahrb. Min. 1886. I. 1. S. 93.

S. 25. *Regnault*, Füge hinzu: Analyse von Pechkohle. 3me Ser. XII. 161. Bey.

S. 29. *Ludwig*, Geologische Spezialkarte Biedenkopf. Füge hinzu: Mit 3 Taf. Gebirgsprofilen und 1 Höhenverzeichniss.

S. 42. *Heim, J. L.*, Lies: 3 Theile statt 2 und 1812 statt 1806. — Die folgenden 3 Zeilen sind zu streichen, weil identisch mit dem Vorhergehenden.

S. 45. *Sadebeck*, Setze hinzu: S. 73—83. (Vergl. auch ebenda die Note S. 25). Die trig. und astron. Beobachtungen wurden angestellt auf Meisner, Inselsberg, Herkules, Knüll, Milseburg, Taufstein. Es sind darin enthalten auch botan.-geognost. Skizzen von einzelnen Bergen.

S. 58. *Pfeufer*, Statt Bromberg lies Bamberg und füge hinzu: 2. Ausgabe 1842.

S. 62. *Dove*. Füge hinzu: Heft XIV—XXXVIII.

S. 63. *Gutberlet*, Füge hinzu: Band XXV S. 6. 71, 146. 220, 265. Münster.

„ *Weidenmüller*. Füge hinzu: und ferner 1883 u. 1884. Wd.

S. 69. *Schanze*, Füge hinzu: und ferner: Nr. 2 u. 3. S. 13—14.

S. 71. *Bagge*, Statt II. Metzler lies A. Metzler. Str.

S. 74. *Geheeb*, Z. 15 v. u. lies Moor statt Moos.

S. 75. *Hoffmeister*, Dipteren. Setze hinzu: In vorigem Werke S. 105—121.

S. 83. *Vertheilung*. Füge hinzu: 9. Suppl. Ver. hess. Gesch.

S. 87. *Beschreibung* (Gehebische). Eine Copie in der Landesbibl. Kassel. Du. Se.

S. 92. *Stölzel*, Füge hinzu: Zeitschr. Ver. hess. Gesch. N. F. 3. Suppl.

S. 100. *Henke*, Statt Juli 1861 lies: Jahre 1661.

„ *Gegenbaur*, Vergl. auch Zeitschr. hess. Gesch. N. F. 11 S. 186 bis 192. 1869.

S. 101. *Schedtbr.* verbessere in *Schedtler*.

„ *Hartwig*, Die citirte Progr.-Abh. ist nur ein Theil der Kassel 1870 selbständig erschienenen Schrift des Autors ·der Uebertritt —«. Du.

---

*) Für diejenigen Exemplare, deren Paginirung mit 13 beginnt, ist den hierunter folgenden Seitenzahlen 12 zuzulegen.

S. 104.   *Bach.* Vergl. auch Zimmermann's Zeitschr. Alterth. II, 636.

,,   *Weber,* Auch selbständig, Kassel 1846, erschienen.

..   *Heppe,* Zeitschr. hess. Gesch. 4. Suppl.-Heft.

.,   *Münscher,* Lies Betreibung statt Bearbeitung.

S. 105.   *Gross,* Füge hinzu: Fortsetzung davon in Progr. Gymn. Kassel 1879.

,.   *Schmid,* Auch in Aufl. 2, 1880, Bd. 3 S. 448—491.

,.   *Bezzenberger,* Das ganze Citat ist zu streichen. ϱα.

S. 106.   *Stölzel,* Zeitschr. hess. Gesch. 5. Suppl. v. U.

.,   Realschulstreit Hersfeld. Die betr. Artikel der Kasseler
    Tagespost sind zu berichtigen in: Nr. 6064 u. 65, 28 u 29. X. 79:
    Nr. 6075, 9. XI. 79 ; 6122, 27. XII. 79; 6127, 2. I. 80 ; 6159. 6160.
    6171, 3. 4 u. 15. II. 80; 6188, 6190, 6194, 3. 5 u. 9. III. 80 und
    6231, 17. IV. 80.

S. 107.   c. Wissenschaft und Kunst, Füge hinzu: incl. Samm-
    lungen und Vereine.

,,   Historie. Füge hinzu: 4 Bde.

S. 108.   *Müller,* Ist ein Aufsatz in Lützow's Zeitschr. bild. Künste VI.
    Lpz. 1871. ϱα.

S. 110.   Hessisches Historienbüchlein. 2. Aufl. 1845. Wstr.

S. 113.   *Vilmar's* Idiotikon ist 1883 in neuer, billiger, (Titel-) Ausgabe
    erschienen.

S. 114.   *Simrock,* Hessisches S. 370 ff.

S. 115.   *Kolbe,* Das Citat Z. 21 u. 22 v. o. ist zu streichen.

S. 116.   *Phister,* corrigire in *Pfister.*

S. 117.   Z. 1 u. 2 v. o. zu streichen.

S. 118.   *Kellner,* Ortsnamen, Füge hinzu: Eine Erweiterung dieser Arbeit
    erschien 1871 als Progr.-Abh. der Realschule zu Hanau. ϱα.

S. 120.   *Pinder,* Statt 2 Taf. setze: 3 Taf.

..   *Duncker,* Römerkastell. Statt FF setze ff.

.,   *Duncker,* Pfahlgraben. 1879 in Kassel separat erschienen.

S. 121.   *Soldan,* Lies Giessen statt Darmstadt.

S. 123.   *Dillich,* Füge hinzu: Manuscript, welches im Original in der
    Marburger Univ.-Bibl. sich befindet. Eine Abschrift ist in der
    Kasseler Landesbibl. (Vergl. über die D.'sche Chronik die Abh.
    Caesar's in Zeitschr. hess. Gesch. VI S. 313 ff. Kassel 1877 u.
    die Arbeit *Kochendörfer's* im Centralblatt für Bibliothekwesen
    II S. 485—499. Lpz. 1885.)

S. 127.   *Landau,* Füge hinzu: Theil III: Allendorf, Merzhausen, Kragen-
    hof, Mühlenwerth und Glaskopf bei Marburg. IX S. 136— 44. —
    Theil IV: Kassel, Marburg, Elgershausen, Görzhausen. IX S. 360
    bis 380 und Hof Rangen X S. 177. 1865.

S. 133.   Das Werrathal. Statt Nr. 10 lies Nr. 11.

S. 134.   *Schmieke* verbessere in *Schmincke.*

,,   *Fabricius,* Füge hinzu den Verlagsort Giessen.

S. 135.   Kurze Nachrichten, Verf. ist *N. Kindlinger.* Uebrigens ist
    die Abh. auch selbständig. Frankfurt 1812, erschienen. ϱα.

S. 136.   *Dronke,* Verbessere 1835 in 1867 und füge hinzu: N. F.

S. 137.   *Hundeshagen,* Füge hinzu den Verlagsort Mainz.

S. 138.   *Roth,* Lies Ver. statt V.

S. 138. *Schmincke*, Füge hinzu: Zeitschr. hess. Gesch. I. Suppl. v. U.

S. 139. *Dommerich*. Statt 182 lies 1 u. 2.

S. 142. *Coester*, Füge hinzu: V S. 293—327.

S. 143—145. Die meisten dort aufgeführten Pläne etc. finden sich in der Murhard'schen Bibl. zu Kassel.

S. 145. P l a n von Neumann in 10 Bl. ist bei v. Bomsdorf in Leipzig erschienen.

S. 150. *Schmincke*, Füge hinzu: Zeitschr. hess. Gesch. I. Suppl 2. Heft. v. U.

S. 151. *Weintraub* corrigire in *Weintraut*.

„ *Bücking*, IV verbessere in N. F. VI.

S. 152. O l d e n d o r f. *Wehrhahn*, Auch in Zeitschr. hess. Gesch. N. F. VI. S. 139—200. Kassel 1877.

S. 153. *Stumpf*, Statt Leb. lies: Seb.

S. 155. *Engelhardt*, Genauer Titel: Einiges über die Rhön u. die Rhöner. — Sitzungsber. u Abh. nat. Gesellsch. Isis, Dresden 1882, Juli bis December, S. 65—80.

S. 156. R u m p e n h e i m. *Schlereth*, Das erste Citat ist zu streichen. eta.

„ *Kröger*, Füge hinzu: Suppl. VIII der Zeitschr. Ver. hess. Gesch.

b) F ü r d e n 1. N a c h t r a g (Fortsetzung von S. 53.)

Zur 4. Seite der Einleitung 9. B a d e n füge hinzu: *Lehmann, F. X.*, Die Litteratur für vaterländische Naturkunde im Grossherz. Baden. (44 S.) Karlsruhe 1886.

Zu A. 2. a. α. *Geinitz, H. B.*, Zur Dyas in Hessen. Mit 1 geol. Uebers.-Tafel. — In Festschrift des Ver. f. Nat. Kassel 1886. S. 250—256.

Zu A. 3. b. *Welsch jun. K. H.*, Anwendung und Wirkung der Heilquellen und Kurmittel von Bad Kissingen. Mit besonderer Rücksichtsnahme auf das Verst. der Laien. Kissingen 1886.

Zu A. 5. β. *Schauze*, Excursionsbericht (Kalkhof bei Waufried). — Irmischia V. Nr. 10, S. 77. Sondershausen 1885.

Zu B 3. c. *Michel E.*, Les Musées d'Allemagne. Paris, J. Ronam 1886. 4. (Behandelt in Bd. 1 die Sammlungen zu Köln, München und K a s s e l, die von Kassel auf 40 Seiten.)

Zu C. 2. A l l e n d o r f-S o o d e n. Wegekarte der Section Allendorf-Sooden des Werrathalvereins. 1 : 50000. Allendorf. 1886.

Sachregister.

(Die Antiqua-Ziffern beziehen sich auf den Haupttheil, die *Cursic*-Ziffern
auf den Nachtrag *).

─────

*) Für diejenigen Exemplare des Haupttheils, deren Paginirung
mit 13 beginnt, ist bei den betr. Registerzahlen 12, für die des Nachtrags, deren Paginirung mit 129 anhebt, bei den *Cursic*-Zahlen *130*
zu addiren.

Druck von L. Döll in Kassel.